KB254081

바로간다

아모레퍼시픽

바로간다 아모레퍼시픽

초판 1쇄 발행 | 2015년 9월 1일

지 은 이 | 박유미, 이재호
발 행 인 | 김영희
기　　획 | 신현숙, 하순영
마 케 팅 | 권두리
편　　집 | 최은정, 변호이, 박지혜, 김민지
디 자 인 | 한동귀, 문강건, 박성민, 이현주
발 행 처 | (주)에프케이아이미디어(프리이코노미북스)
등록번호 | 13-860호
주　　소 | 150-881 서울특별시 영등포구 여의대로 24 FKI타워 44층
전　　화 | 출판콘텐츠팀 | 02-3771-0435 영업팀 | 02-3771-0245
홈페이지 | www.fkimedia.co.kr
팩　　스 | 02-3771-0138
E - mail | rommi10@fkimedia.co.kr
I S B N | 978-89-6374-119-2 13320
정　　가 | 1만 1,000원

◈ 낙장 및 파본 도서는 바꿔 드립니다.
◈ 이 책 내용의 전부 또는 일부를 재사용하려면 반드시 FKI미디어의 동의를 받아야 합니다.
◈ 내일을 지키는 책 FKI미디어는 독자 여러분의 원고를 기다립니다. 책을 엮기 원하는 아이디어가 있으면
　 hsshin@fkimedia.co.kr로 간략한 개요와 취지를 연락처와 같이 보내주십시오.

이 도서의 국립중앙도서관 출판예정도서목록(CIP)은 서지정보유통지원시스템 홈페이지(http://seoji.nl.go.kr)와
국가자료공동목록시스템(http://www.nl.go.kr/kolisnet)에서 이용하실 수 있습니다. (CIP제어번호 : CIP2015021029)

바로 간다

베스트 애널리스트의 분석과
취업멘토 교수의 가이드

아모레퍼시픽

박유미·이재호 지음

프리이코노미북스

취업에 왕도는 없지만
바른 길은 있다

사실 취업 준비에 왕도王道가 있을까 싶습니다. 준비한 내용은 같아도 면접관의 성향이나 기호에 따라 그리고 지원자의 당일 컨디션에 따라 당락의 결과가 달라지기도 하는 것이 취업이기 때문입니다. 하지만 면접과정이 다면화·다층화될수록 이런 운運의 요소는 점점 희박해지게 됩니다. 최근 주요 대기업들은 선발의 변별력을 높이기 위해 인·적성 테스트 도입은 물론 자소서를 직무에세이 형식으로, 면접을 합숙 형태의 집합면접으로 전환하였습니다. 여러분도 당연히 이런 채용 프로세스가 탈脫스펙을 위한 것임을 잘 알고 계실 겁니다. 하지만 탈스펙을 위해서 무엇이 가장 필요한지에 대한 인식은 부족한 것 같습니다. 사진, 어학점수, 자격증, 수상 경력, 교환학생 경험 등과 같은 것을 안 본다면 과연 무엇으로 지원자의 역량을 평가할 수 있다고 생각하시는지요?

결국 서면書面과 대면對面 과정에서 지원자의 간절함과 준비 상태로 판단할 수밖에 없습니다. 간절함이란 먼 길을 함께 가도 좋겠다는 확신을 주는 것이고, 준비 상태란 희망 회사에 지원하기 위해 구체적으로 얼마나 많은 고민과 탐구활동을 했는가에 의해서 결정됩니다. 그래서 집합면접장에 들어가면 상황 케이스를 주고 전략이나 아이디어를 도출해보라는 질문이 빈번하게 출제됩니다. 사실 전문가도 이런 질문을 제한된 짧은 시간에 소화하기 어렵습니다. 해법은 면접관이 무엇을 기대하는지를 간파하는 데 있습니다. 입사를 위해 많은 고민을 해봤다면 그래도 '나름의 답을 하지 않을까'라는 면접관의 기대를 충족시키는 것 말입니다.

그래서 취업을 제대로 준비하기 위해서는 기업에 대한 이해가 전제되어야 합니다. 시간에 쫓기다 보면 기업 분석의 필요성은 인정하지만 엄두가 나질 않는다는 생각이 드실 겁니다. '급할수록 돌아가라'는 속담이 있습니다. 급하면 무엇을 해도 몰입할 수 없다는 의미일 것입니다.

본 기업분석 시리즈는 취업 포털의 채용 공고문을 확인하는 순간부터 시작해도 전혀 무방합니다. 서류 심사에서 최종 면접까지 1개월에서 2개월의 기간 동안 본서를 활용하는 것에 시간적 부족함을 느끼지 않을 것입니다. 1장 산업 파트만 읽어도 기업을 분석하는 것에 대한 막연함에서 벗어날 수 있습니다. '멘토의 팁'과 '관련 자료 찾아보기' 코너를 곁들인 이유가 바로 여기에 있습니다. 애널리스트의 친절한 설명과 멘토의 가이드를 따라가다 보면 어느새 회사를 보는 안목이 생기는 것을 깨닫게 될 겁니다. 면접관이 무엇을 중요하게 생각하는지 알게 되므로, 자소서에 어떤 소재를 활용해야 할지 면접에서 어떤 부분을 언급하고 강조해야 할지 자연스럽게 알게 됩니다. **왕도는 없다고 했지만 바른 길은 있습니다. 바로 가는 취업을 원한다면 지금 바로 첫 페이지를 펼쳐보시기 바랍니다.**

K뷰티를 이끄는 글로벌 화장품기업, 아모레퍼시픽에 지원하려면…

최근 중화권을 중심으로 K뷰티의 움직임이 활발해지고 있다. 한국의 화장품 브랜드들은 혁신적이면서도 고품질의 재료로 믿을 수 있는 제품을 선보이고 있어 인기가 높아지고 있다. 특히 아모레퍼시픽은 K뷰티의 선두주자로 최고급 브랜드인 '아모레퍼시픽'과 '설화수'를 미국 고가 백화점인 버그도프굿맨에 입점시키며 미국 및 선진국 시장으로 사업 영역을 넓혀가고 있다.

아모레퍼시픽은 급변하는 글로벌 경영환경과 불확실한 경제 상황 속에서도 진화하는 고객의 니즈를 파악하며 브랜드 개발을 멈추지 않았다. 특히 필자가 아모레퍼시픽에 대해 가장 인상 깊게 느꼈던 부분은 경영진의 정성과 노력이다. 아모레퍼시픽은 2012년부터 소비경기가 둔화되면서 고가 화장품 매출이 둔화되고 기존의 고마진 채널인 방문판매의 매출이 하락하는 등 영업상의 어려움을 겪게 되었다. 문제를 해결하기 위해 구조조정으로 숫자를 개선시키는 등의 정량적인 방법을 선택할 수도 있었겠지만, 경영진은 좀 더 장기적인 관점을 가지고 대처했다. 바로 꾸준한 브랜드가치 개발과 미래의 소비트렌드 변화를 읽어 빠르게 변하는 소비자 니즈에 대응하는 전략이었다. 노력의 결과 아모레퍼시픽은 매출과 이익 등 영업상 실적이 개선되었으며 주가 수직 상승으로 국내외 투자자 및 소비자들에게 최고로 주목받는 기업이 되었다.

필자는 과거 금융권 입사를 준비하며 기업의 재무 및 회계 부분을 특히 신경썼다. 관심 있는 기업의 산업·사업부문·경영진 전략과 재무적인 요소들에 대해 공부하고 나름대로 밸류에이션에 대해 분석했다. 예를 들면 아모레퍼시픽의 경우 2013년 하반기 이후 주가가 바닥을 탈피하고 액면분할로 인한 거래정지까지 353% 오르며 투자자들의 관심을 받아온 종목이다. 아모레퍼시픽 브랜드가 국내외에서 인기를 끌면서 매출 및 영업이익 또한 고성장하고 있다. 주식은 기업의 미래가치 창출에 대한 전망이나 방향성을 결정하기 때문에 기업의 영업가치 창출 능력 대비 현재의 주가 수준이 적정한지 판단하는 것을 중심으로 인터뷰를 준비했다.

아모레퍼시픽에 취업을 꿈꾸고 있는 지원자들은 화장품 브랜드에 대한 이해 및 브랜드별 전략, 브랜드의 문제점과 해결 방법, 나아가 기업 혹은 기업구성원이 향후 소비트렌드 변화에 대처할 방향에 대해서 준비하기 바란다. 또 다양한 인턴활동, 사회봉사·동아리 활동에 단순히 '참여했다'에 그치지 않고 그러한 경험을 통한 배움이 입사 후 어떻게 사용될 수 있는지 고민해보는 것도 바람직할 것이다. 마지막으로 아모레퍼시픽 웹사이트에서 찾아볼 수 있는 '지속가능성 보고서'를 꼭 읽어보고 기업의 전체적인 그림과 방향성을 파악하는 것을 추천한다.

목차

CHAPTER 04 경영 요소: 아시아 미美의 정수

01 다섯 가지 주요 직무의 이해

02 핵심 브랜드와 감성 마케팅의 성공

한눈에 본다, 아모레퍼시픽

아모레퍼시픽의 발전사

| 도입기 | 성장기 |

도입기

1932

화장품 사업의 모태
서성환 선대회장의 모친 윤독정 여사가 개성
에서 동백기름을 판매하기 시작

1945

태평양화학 창립
모친의 장사를 돕던 서성환 선대회장이 해방 직
후 개성에 국내 1호 화장품 제조사를 창립

1948

최초의 독립 브랜드
최초의 독립 브랜드 메로디크림 발매

1956

본사 사옥 이전(서울 용산구 한강로)
창업주 서 회장이 터를 잡은 곳으로 이곳에
서 오늘날 한국 화장품산업의 출발

성장기

1962

영등포 공장 준공
관악구 신대방동에 설립한 공장으로 국내 최
대 화장품 자동화 시설을 갖춤

1964

화장품 방문판매 시작
우리나라 화장품업계에 도입된 지 40년이 넘
도록 화장품의 대표 유통 경로

1978

태평양기술연구소 설립
1954년 업계 최초로 연구실을 만든 이후 기
술연구소를 개설

1979

세계 장업계 최초 다원 조성(도순다원)
제주도 한라산 중턱에 황무지를 개간해 차밭
을 만들고 차묘목을 육성

<table>
<tr><td>

1984

뷰티센터 아모레 1번가 개설(명동)
세안에서 메이크업까지 화장의 모든 과정을
보여주는 미용서비스를 제공

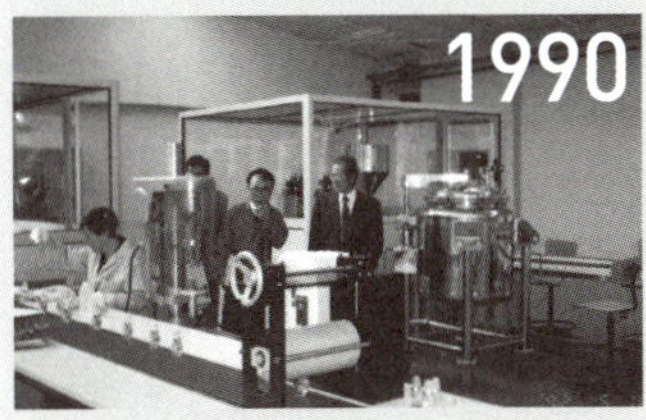

1990

프랑스 현지법인 설립
프랑스 시장에서 몇 번의 시행착오 끝에 철
저한 현지화 전략으로 성공

1992

태평양기술연구원 준공
첨단과학기술을 응용한 화장품을 개발하겠다
는 의지로 설립한 국내 최대 기업부속연구기관

1995

설록차 사업장(충북 진천) 준공
사업 다각화를 꾀하며 1995년 충북 진천(설
록차) 등으로 생산시설 확대

</td><td>

2001

설록차 뮤지엄 오설록 개관
차의 역사와 문화를 체험할 수 있는 차 종합
전시관을 개관

2002

AMORE PACIFIC GROUP

영문 사명 AMOREPACIFIC으로 변경
태평양화장품, 생활용품, 식품사업을 인적
분할해 아모레퍼시픽을 설립

2009

피부 노화 개선 물질 개발
세계 최초로 피부 노화 개선 희귀물질인 '진세
노이드'를 개발, 대한민국 10대 신기술 선정

2014

상해 뷰티사업장 준공
1992년 중국지사 설립을 통해 '아시안 뷰티'
의 정수를 전달하고자 사업장 준공

</td></tr>
</table>

직원 현황(기준일: 2014. 12. 31)

총 직원 수	화장품 (총 2,547명)	마케팅 (총 490명)	R&D (총 409명)	생산 (총 748명)	MC&S (총 195명)	지원 (총 547명)
총 4,936명	남 578명	남 118명	남 192명	남 426명	남 128명	남자 304명
	여 1,969명	여 372명	여 217명	여 322명	여 67명	여자 243명

아모레퍼시픽에서 말하는 채용 포인트

서류 전형: 진정성이 최우선

단순히 직무에 대한 열정과 전문성을 검증하는 자기소개서보다는 아모레퍼시픽이 걸어온 '미美의 여정'과 일치하는 인재형임을 드러내는 자기소개서를 선호한다. 자사에 대한 로열티loyalty를 얼마나 갖고 있는지, 또 아모레퍼시픽의 경영철학과 개인의 가치가 얼마나 일치되는지를 확인하고 있다. 인사 담당자들에게 강력하게 어필하기 위해서는 '진정성'이 가장 중요하다. 왜 이 회사에 지원했고, 그동안의 노력 및 경험과 지원한 직무가 무슨 연관성이 있는지, 어떠한 업무를 잘 수행할 수 있는지가 명확하고 논리적으로 기술된다면, 문장이나 표현력이 다소 어색하더라도 훌륭한 자기소개서라고 할 수 있을 것이다.

면접: 오해와 진실

• 뛰어난 외국어 실력의 고스펙자를 선호한다?

아모레퍼시픽은 채용 시 어학뿐 아니라 다른 문화 이해도, 신흥시장 파견적응력 등 다양한 역량을 고려하고 있다. 무엇보다도 입사 후 글로벌 시장 진출에 대한 강력한 의지가 있는 인재를 선발하고자 한다.

• 화장품만 잘 알면 된다?

아모레퍼시픽은 '고객'을 최우선 가치로 삼는 기업이다. 고객에 대한 깊은 관심과 풍부한 경험이 있는 인재를 적극적으로 선발하고 있다.

• 외모가 예쁘고 잘생겨야 된다?

아모레퍼시픽의 면접은 객관적인 지표와 구조화된 면접으로 진행되기에 주관이 개입될 여지가 없다. 이에 소위 말하는 "예쁘고 멋있다"는 외모가 채용에 반영되지는 않는다.

• 실제 면접에서 나왔던 특이한 질문 한 가지는?

아모레퍼시픽이 지향하는 아시안 뷰티 크리에이터Asian Beauty Creator가 어떤 의미인지, 이 소명이 다른 아시아 코스메틱 기업들과 어떤 차이가 있는지에 대한 질문을 종종 하고 있다. 단순히 외면적인 아름다움이 아닌 아시아적 가치, 그리고 생동감 넘치는 내면의 아름다움을 인지하는 지원자를 눈여겨보고 있다.

AMORE PACIFIC GROUP

AMORE PACIFIC CORPORATION

Sulwhasoo	AMORE PACIFIC	primera	HERA
VB PROGRAM	Lolita Lempicka	ANNICK GOUTAL PARIS	LANEIGE
Mamonde	MIREPA	VERITE	ARITAUM
IOPE	ODYSSEY	HANYUL	dantrol
呂	메디안 MEDIAN	mise en scène 미장센	송염
HANBANG BIO / HAPPY BATH	LIRIKOS	make ON	OSULLOC JEJU TEA GARDEN SINCE 1979

관계사

ETUDE HOUSE

innisfree

eSpoir

amos PROFESSIONAL

AESTURA CORPORATION

PACIFICGLAS

JANGWON INDUSTRY

PACIFIC PACKAGE

COSVISION

5대 글로벌 챔피언 브랜드

Sulwhasoo
아시아의 지혜를 담은
홀리스틱 뷰티를 선사하는
브랜드

Mamonde
꽃으로 여성의 아름다움을
활짝 피운다는
콘셉트의 브랜드

LANEIGE
반짝이고 빛나는 아름다움과
트렌디한 감각의
프리미엄 영 토털 브랜드

ETUDE HOUSE
모든 여성들의 프린세스 꿈을
실현시켜 주고자 하는
소녀 감성의 브랜드

innisfree
이니스프리는 '피부에 휴식을
주는 섬'을 뜻하며, 청정섬이 주
는 자연의 혜택을 담은 브랜드

산업:
뷰티의 모든 것,
아모레 월드

화장품산업의 밸류체인은 크게 브랜드 업체, ODM·OEM 업체, 원료 생산 업체로 나뉩니다. 이 중에서 아모레퍼시픽은 소비자와 접점에 있는 '화장품 브랜드 업체'입니다. 오늘날 국내 화장품산업을 이끌어가는 대표 기업이라고 할 수 있지요. 아모레퍼시픽의 오늘이 있기까지 국내 화장품산업의 성장 과정과 산업적 특징, 그리고 이에 발맞춰 진행되어 온 지속성장 전략까지 두루 살펴보도록 합시다.

01

화장품 불모지에서
핵심 메카로 성장

전쟁 이후 급속도로 발전한 화장품산업

우리나라화장품시장은 한국전쟁 이후 본격적으로 대량생산이 시작되었으며 국민소득의 상승과 여성 취업 인구의 증가 추세에 힘입어 1980년대 이후 급속한 발전을 이룩해왔다.

1990년대 중후반을 화장품산업 발달의 초기 국면으로 볼 수 있는데, 이 기간 동안 국내 주요 화장품 업체들은 주로 선진국으로부터 화장품 원료를 수입해서 완제품을 출시하는 방식에 의존해왔다. 그러나 1997년 아시아 외환위기로 인해 환율이 급등함에 따라 원료의 수입 가격이 동반 상승하면서 구조적인 문제에 직면하게 된다. 결국 1998년을 전후로 아모레퍼시픽, LG생활건강 등 주요 화장품 업체들과 바이오랜드, 태동화학 등 원료 생산 전문기업들은 적극적인 원료 개발에

나섰다.

　2000년대에는 에스티로더, 샤넬, 랑콤 등 해외 유명 화장품 브랜드들이 본격적으로 한국시장에 진출하면서 국내 주요 업체들과 경쟁이 심화되었다. 또한 에이블씨엔씨가 화장품 가격의 거품을 제거한다는 개념으로 '미샤'라는 브랜드를 출시함에 따라 중저가 화장품 브랜드숍을 선보이기 시작했다.

세계적으로 성장한 메이드 인 코리아

　2014년 기준 국내 화장품 및 개인생활용품 시장은 약 10조 5,000억 원 규모로 추정된다. 같은 분야 세계시장 규모가 약 440조 원 수준이니 한국시장은 전체의 약 2%에 해당된다. 참고로 세계 1위 시장인 미국이 70조 원 규모로 약 16%, 아시아에서는 중국이 50조 원 규모로 약 11%, 일본이 35조 원 규모로 약 8%가량을 차지한다.

　특히 중국의 경우 도시화가 빠르게 진행되고 동시에 가처분소득이 개선되면서 화장품시장이 빠르게 성장해왔으며 2014년에는 전년대비 약 7%의 성장을 기록했다. 국내의 경우 경기 부진에도 불구하고 전년대비 약 5%의 성장을 보였는데, 이는 다양한 상품 개발과 차별화된 브랜드의 성장이 시장을 견인하고 있기 때문이다. 반면 이미 성숙시장에 진입한 주요 선진국(미국, 프랑스, 일본 등)의 화장품산업은 0~1% 수준의 저성장을 보이고 있다.

시장을 지배하는 동력

한편 국내 화장품산업의 구조는 아모레퍼시픽과 LG생활건강, 상위 2개 회사가 시장의 절반가량을 차지하고 있어 과점적 형태를 이루고 있다. 이와 같은 과점 현상은 1980년대 이후 판매 경쟁이 심화되면서 자금 동원력이 양호한 업체들이 시장 지배력을 강화한 데 따른 것이다. 또한 상위 업체들은 고가부터 저가까지 다양한 가격대의 브랜드 포트폴리오를 보유하고 있으며, 빠르게 변화하고 있는 고객 니즈를 충족시키는 트렌디한 상품을 출시함에 따라 히트 상품을 지속적으로 판매하는 능력을 갖추게 되어 성장세가 지속되는 것으로 파악된다.

생활용품의 고급화와 가속성장세

생활용품산업의 경우, 현재 국내 경기 둔화에 따른 소비자들의 구매력 감소, 업체 간 경쟁 심화 및 대형마트 영업 규제로 영업 환경이 까다로운 상황이다. 다만 점점 다양해지고 섬세해지는 고객의 니즈에 부합하는 고부가가치 기능성 제품의 출시로 프리미엄 시장은 꾸준하게 성장하는 추세이다. 시장점유율은 2014년 기준, LG생활건강이 35%, 아모레퍼시픽이 21%를 차지하고 있으며 그 외에 애경, P&G, 유한킴벌리 등이 있다.

생활용품 카테고리 중 페이퍼케어(paper care, 화장지, 티슈, 키친타올) 및 홈케어(home care, 세탁, 주방, 생활세제)는 가격 저항력이 높은 편이다. 반면 퍼스널케어(personal care, 헤어, 바디 제품)의 경우 프리미엄화가 지속적으로 진행되고 있는 카테고리로 향후 성장 잠재력 또한 높은 편이다. 아모레퍼시픽의 생활용품 사업은 헤어, 바디, 오랄 카테고리를 포함

Fig 01

국내 화장품 및 생활용품 시장 규모는 약 10조 5,000억 원으로 세계시장의 약 2% 수준

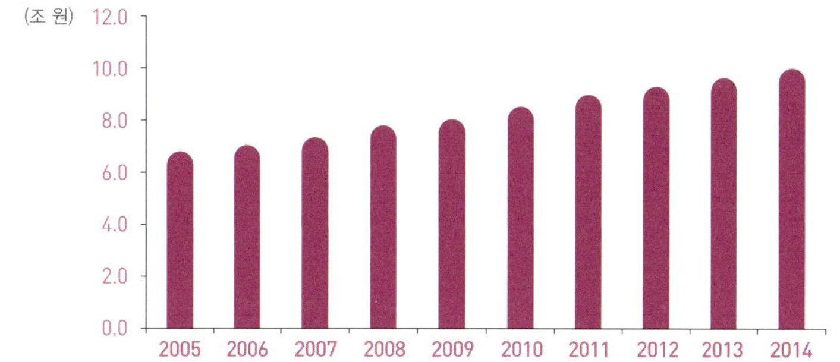

자료: 유로모니터

Fig 02

세계 화장품 및 생활용품 시장 규모는 약 440조 원으로 미국이 1위, 중국이 2위를 차지

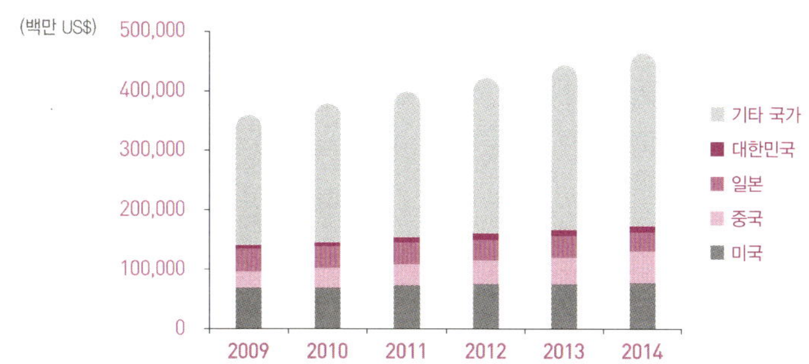

자료: 유로모니터

하는 개인생활용품 중심으로 구성되어 있다. 개인생활용품은 큰 의미에서 화장품으로 구분되기 때문에 이 책에서는 개인생활용품을 포함한 전반적인 화장품산업 분석에 초점을 맞추었다.

아모레퍼시픽의 경쟁력을 내부와 외부 요인으로 나누어 탐색해봅시다.

시장 규모로 세계 2위인 중국에서는 최근 한국산 화장품에 대한 선호도가 높아지고 있습니다. 단순히 한류의 영향인지 아니면 아모레퍼시픽만의 고유 경쟁력에 의한 것인지 각자의 시각으로 정리해봅니다. 이와 함께 '아시아 뷰티 크리에이터'를 지향하는 아모레퍼시픽의 경쟁력이 세계 1위 미국시장까지 파고들려면 어떤 전략과 노력이 더 필요할지에 대해서도 본 기업분석서를 바탕으로 탐색해봅니다. 이런 내용들을 정리한 다음, 지원 동기나 입사 후 포부 등의 질문에 대비해볼 수 있습니다.

관련 자료 찾아보기 ❶
한국보건산업진흥원, 〈2014년 화장품산업 분석 보고서〉 

국내외 화장품산업과 관련한 보다 상세한 내용이 필요하면 한국보건산업진흥원에서 발간한 〈2014년 화장품산업 분석 보고서〉를 참고해보시기 바랍니다. 최근 5년 동안 국내외 기업별·제품군별 다양한 동향을 살펴볼 수 있기 때문에 화장품 업계 취업을 준비한다면 꼭 챙겨봐야 할 자료입니다.

 **생활용품시장 1위를 위한 마케팅 아이디어를 생각해봅시다.**

생활용품의 경우 아모레퍼시픽이 LG생활건강에 이어 2위를 달리고 있습니다. 이 부분에서도 1위에 대한 아모레퍼시픽의 열망이 클 수밖에 없습니다. 생활용품은 생활 속 아이디어나 마케팅 전략이 소비자 구매에 직접적인 영향을 많이 주기 때문에 관련 직무 지원자는 생활용품시장 1위를 위한 전략을 미리 꼭 정리해보는 과정이 필요합니다. 그 예로 생활용품 판매 아르바이트를 경험해보면서 고객의 구매패턴 분석 노트 같은 것을 만들어본다면 자소서나 면접에 유용할 것입니다.

국내 화장품 산업 트렌드

트렌드에 민감한 화장품

화장품은 다품종 소량생산 제품으로 유행에 민감한 대표적인 상품이다. 일반적인 소비재에 비해 기호성과 유행성이 강하며 제품의 라이프 사이클Product Life Cycle이 짧아 신상품 개발이 자주 이루어지고 있다. 우리나라는 단기간에 경제성장을 이루면서 국민들의 생활수준도 급격히 향상되었다. 이러한 변화는 곧 아름다운 외모에 대한 관심으로 이어졌다. 더불어 여성의 경제활동참여율 증가, 화장품 사용 성별 확대, 소비 연령 확대 등의 요인들을 기반으로 화장품시장은 성장을 지속해왔다. 흥미롭게도 소비자들은 소득수준이 상승할 경우 고가의 화장품을 구입하는 등 화장품 관련 소비를 늘렸지만(높은 소득탄력성), 소득이 낮아지더라도 화장품 관련 지출을 쉽게 줄이지 않아(낮은 소득탄력성) 비대칭적 소득탄력성을 보이고 있었다.

다만 2011년부터 국내 경기 둔화에 따른 가계 구매력 저하로 국내 화장품시장도 영향을 받았다. 소득과 소비의 양극화 현상이 진행되면서 고가 제품 소비층과 합리적인 소비층으로 양분화 되어 각각의 시장이 성장세를 보여줬던 것이다. 기존 소비자들이 브랜드 가치에 만족을 느꼈다면, 최근에는 적정한 가격으로 높은 품질과 즐거운 경험을 부여하는 상품을 선호하는 경향을 보이고 있다. 이러한 현상은 고가부터 저가까지 모든 가격대의 소비자들에게 공통적으로 나타나고 있다. 또한 혁신적인 제품과 뚜렷한 개성을 담은 차별화된 브랜드를 선호하고 있어 화장품 업체들의 꾸준한 품질 향상이 요구되고 있다.

계절에 따른 콘셉트의 변화

전통적으로 화장품산업은 계절과도 밀접하게 관련이 있어, 습도가 높고 기온이 올라가는 하절기에는 판매가 하락하는 반면, 날씨가 건조하고 추워지는 동절기에는 판매가 늘어나는 모습을 보인다. 하지만 최근에는 자외선 차단 제품과 미백 화장품 등 하절기용 기능성 제품이 다양하게 개발되고 사용이 보편화되면서 계절적인 변동 요인이 점차 축소되고 있는 추세다. 이에 따라 화장품 업체들은 기술 발전과 정보 홍수로 빠르게 변화하고 진화해가는 소비자의 다양한 선호를 충족시키기 위해 보다 차별화된 콘셉트의 제품 개발에 힘쓰고 있다.

남성 화장품 수요 증가에 따른 시장 확대

외모가 경쟁력이 된다는 인식이 확산되면서 외모 가꾸기에 열중하는 남성이 증가하고 있다는 점도 주목할 만한 요인이다. 최근 하나로 성별을 가리지 않고 폭넓은 연령대에서 관련 기능성 제품의 라인업이 확장되고 있는 추세다. 국내 남성용 화장품 시장 규모는 지난 2009년 약 6,500억 원에서 2014년 약 1조 1,000억 원으로 성장하며 연평균 약 11%의 가파른 성장을 보였다. 자신을 가꾸는 남자를 뜻하는 신조어 '그루밍족'은 이러한 트렌드의 변화를 대변한다 하겠다. 남성 화장품은 현재 국내 화장품시장의 약 10%를 차지하며, 비율로는 전 세

Fig 03

남성용 화장품시장 규모가 1조 원을 넘어 국내 화장품시장의 10%를 차지

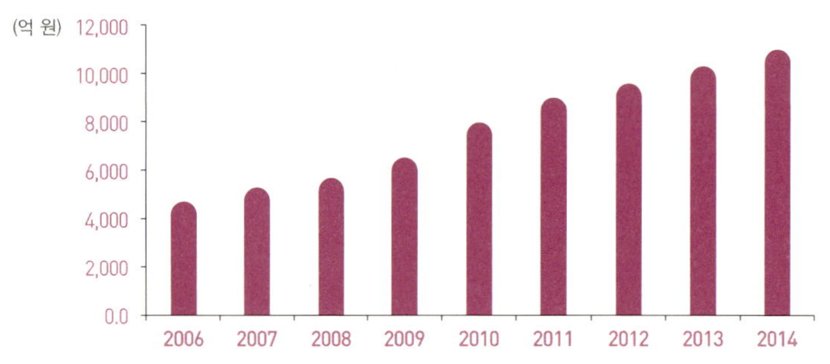

자료: 업계 추정

계에서 가장 크게 시장을 형성한 셈이다.

식품의약품안전처 안전평가원이 만 15~59세 남녀 1,800명을 대상으로 한 조사에 따르면, 남성 소비자는 한 달 평균 13.3개의 화장품을 쓰고 있다고 밝혀졌다. 이는 평균 27.4개의 화장품을 사용하는 여성의 절반 수준에 해당하는 것이다. 국내 남성들이 사용하는 주요 품목은

멘토의 Tip ❸　　　산업 특징에 따른 대응 전략 세우기

산업의 특징에 따른 대응 전략을 생각해봅시다.

화장품의 경우 일반적인 소비재에 비해 기호성과 유행성이 강하며 제품 라이프 사이클PLC이 짧아 신상품 개발이 빈번하다는 특징을 갖고 있습니다. 이런 특징들에 대해 어떤 영업 및 마케팅 전략이 요구되는지 관련 자료들을 찾아보면서 생각해두시기 바랍니다.

멘토의 Tip ❹　　　고객층에 따른 구매 성향 활용하기

'화장품은 고객층에 따라 구매 성향이 독특하다'는 사실을 어떻게 활용할지 생각해봅시다.

50대 구매층은 세트로 사는 경향이 높아 객단가가 높다고 합니다. 혼수 제품, 금융상품 등 영업 전문가는 패키지로 팔 줄 아는 사람입니다. '패키지 판매'에 초점을 맞추어 아이디어를 정리해볼 수 있다면 유용한 콘텐츠가 될 수 있습니다.

로션, 바디클렌저, 선크림 등이 있으며, 수분크림이나 비비크림 같은 미용 제품을 쓰는 소비자도 많았다. 이처럼 남성 화장품에 대한 수요 증가와 남성들의 피부 고민이 과거와 달리 세분화됨에 따라 화장품 업계들은 기능성 제품 등으로 라인업을 확대하고 있다.

실버 화장품이 가진 성장 잠재력

고령화가 빠르게 진행되면서 특히 정기적인 소득이 있는 노인 인구의 증가로 실버 화장품에 대한 수요가 늘어나고 있는 상황이다. 따라서 노화 방지나 주름 개선 제품 같은 기능성 화장품 시장에 대한 성장 잠재력이 기대되고 있다. 현재 국내 고령인구 비중은 13% 정도지만 점차 고령화 추세가 가파르게 진행될 것으로 예상되고 있기 때문이다. 특히 고령층의 경우 상대적으로 평균소비성향은 낮지만, 건강, 미용, 여가 등의 문화 관련 소비를 확대시키고 있다는 점을 주목할 필요가 있다. 또한 브랜드마다 낱개로 사는 20~30대 소비층과 달리 50대 이상 소비자들은 구매 시 세트로 사는 경향이 높기 때문에 객단가customer transaction가 높은 편이다. 따라서 향후 국내 고령화 이슈는 화장품 시장의 성장을 뒷받침할 중요한 요인으로 평가될 수 있다.

이와 같이 화장품시장은 성별과 연령을 초월해 다양한 계층의 니즈를 충족시켜주는 방향으로 발전하고 있다.

65세 이상 인구 구성비 추이 – 고령 인구 지속 증가

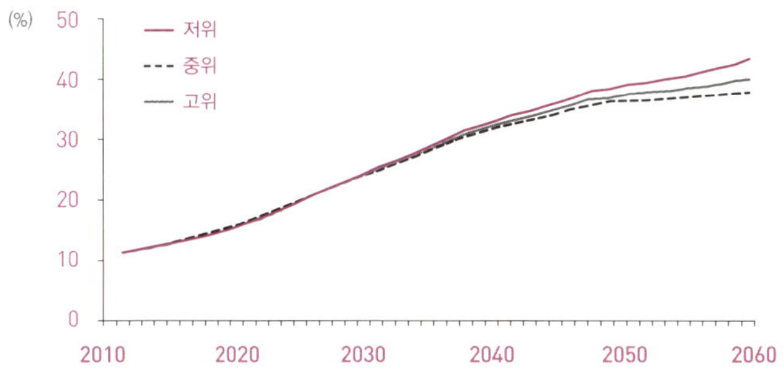

자료: 통계청

멘토의 Tip ⑤　　　　　　　　　　'고령화와 남성 화장품' 탐색하기

'고령화와 남성 화장품'이라는 주제에 대해 탐색해봅시다.

'고령화와 남성 화장품 수요 증가'라는 특징에 대해 기업이 어떻게 그 수요를 흡수할 수 있는지에 대해 생각해봐야 합니다. 화장품산업에서만 그 해법을 찾으려하지 말고 전혀 생각하지 못한 분야에서도 아이디어를 한 번 찾아보시기 바랍니다. 실제 적용 가능성 여부보다는 발상의 신선함이 취준생에게는 더 중요합니다.

 **새롭게 생겨나고 있는 트렌드에서 자신이 어떤 역할을 할 수 있는지 생각해봅시다.**

화장품 업계에도 가치 중심의 소비 확산, 1인 가구 증가에 따른 편리성에 대한 니즈 증가, 온라인 채널의 중요성 부각 등 새로운 변수들이 생겨나고 있습니다. 자신의 재능이나 장점이 이런 흐름과 연관될 수 있다면 적극적으로 논리와 스토리를 만들어보시기 바랍니다.

관련 자료 찾아보기 ❷
산업연구원, 〈고령화시대 항노화 산업의 부상과 성장 전략〉

'고령화시대의 화장품'이라는 주제로 검색해보면 산업연구원에서 2013년 말 발간한 〈고령화시대 항노화 산업의 부상과 성장 전략〉이라는 자료를 참조할 만합니다. 화장품에만 국한하지 않고 고령화시대에 새롭게 관심이 높아지고 있는 여러 영역에 대한 이해의 폭을 넓힘으로써 화장품 업계의 성장 전략에 대해서도 힌트를 얻을 수 있을 것입니다.

03

소비자 중심의
제조·판매 전략

소비를 불러일으키는 미美에 대한 열망

화장품산업의 매출에 영향을 주는 수요상의 변수들은 주로 문화, 소비, 기호, 인구 등이다. 인간은 기본적인 의식주에 대한 욕구가 해소되고 나면 문화 소비가 증가하기 시작하는데 미美에 대한 추구가 곧 화장품의 소비로 이어지게 되는 것이다. 또한 최근 소비양극화, 1인 가구 증가 등과 같은 사회적 이슈가 부각됨에 따라 가치 중심의 소비가 확산되고 있다. 이는 무조건 저렴한 물건을 소비하는 것이 아니라, 특정 상품에 대해 최소한의 비용으로 최대한의 효용가치를 추구하는 것을 의미한다. 이러한 소비 행태는 화장품에도 적용되는데 트렌드에 민감한 여성들이 주요 고객인 산업의 특성상 즐거운 경험에 대한 가치 추구는 차별화된 상품에 대한 수요로 이어진다.

국내 주요 화장품 업체들은 소비양극화 및 소비행태 다변화로 인해 다양한 포트폴리오를 구성하고 있다. 아모레퍼시픽은 설화수, 헤라 등의 강력한 브랜드 파워를 기반으로 전문 뷰티카운슬러를 통해 차별화된 상품 가치를 전달하며 업계 내 국내 고가 화장품 시장을 이끌어 나가고 있다. 한편 저가 화장품 시장에서는 지난 몇 년간 업체들 간의 가격 경쟁이 진행되고 있는데, 아모레퍼시픽은 상품의 고급화, 혁신적 신제품 개발 등 품질 우선 전략으로 재구매율을 높이고 있다.

2014년 말, 아모레퍼시픽은 국내 사업에서 기존 고가 채널인 백화점, 방문판매 등의 채널에서 경쟁자들이 고전하고 있는 데 반해 혁신적인 상품을 통한 고객 만족도를 제고하여 시장 대비 선방하고 있다. 또한 단순한 가격 경쟁을 통해서가 아닌 브랜드력이 확보된 이니스프리는 저가 브랜드 사이에서 선전하고 있는 상황이다. 반면 중국 내방객들의 급증과 이들의 공격적인 수요로 인해 면세점에서 고가 화장품 수요가 급증하고 있으며, 일부 저가 화장품의 매출도 긍정적인 영향을 받았다. 또한 중국 본토에서도 수요의 선순환이 발생하여 아모레퍼시픽은 2014년 중국시장에서 38%의 매출 신장세를 기록했다.

포화상태에 이른 브랜드 시장과 새로운 성장

화장품산업에 영향을 주는 공급상의 변수들은 가격 경쟁, 채널 변화 등이 있다. 화장품은 생활이 일정 수준 이상이 될 경우 소비하게 되는 생활 필수재의 성격이 강하지만, 경기 상황에 따라 저가 지향성이 나타나기도 하기 때문에 저가의 브랜드숍 성장이 가능했다. 다만 국내 브랜드숍 시장이 어느 정도 포화 상태라 추가 신규 진입은 많지 않을 것으로 보인다. 게다가 상위 업체들이 추구하는 이미지 콘셉트가 차별화되고 있고 해외 시장까지 개척하고 있어 향후 상위 업체들의 성장은 지속될 것으로 보인다. 반면 이미지 차별화가 없는 후발 업체들은 경쟁력을 갖기 힘들 전망이며, 앞으로 도태되거나 인수합병의 대상이 될 여지가 크다고 판단한다.

더불어 1인 가구 증가에 따른 소비 패턴의 변화는 '편리성'이다. 이러한 소비 패턴의 반영으로 편리하고 접근성이 높은 유통 채널이 상대적으로 높은 성장을 보일 것으로 전망된다. 온라인(모바일 포함)은 오프라인 유통망에 비해 점포 확보의 물리적 한계를 넘어섰고, 고객 접근성과 상품 소싱 제약 등의 난점을 극복한 판매·유통 채널이라고 할 수 있다.

멘토의 Tip ❼   뷰티카운슬러의 조건 생각하기

영업직군을 겨냥한다면 '역량을 갖춘 뷰티카운슬러의 조건'은 무엇인지 생각해봅시다.

고가 화장품 영업 라인에는 뷰티카운슬러 조직이 가동되고 있습니다. 실제 매장에서 이들의 수준은 어떠한지, 그리고 보완할 부분은 없는지 등에 대한 탐색 활동을 해보고 이런 경험을 자소서에 활용하는 방법을 모색해보시기 바랍니다.

아모레퍼시픽과 LG생활건강의 독점화

    화장품시장은 진입 장벽이 낮아 신규 업체 및 후발 업체의 시장 진입이 용이하다. 현재 약 300여 개 이상의 업체들이 국내 화장품시장에 진입해 있다. 특히 저가 화장품 부문은 원브랜드숍의 등장으로 가격 경쟁이 심화되었다. 한편 백화점 유통을 거점으로 수입 브랜드들과 국내 주요 화장품인 아모레퍼시픽, LG생활건강의 프리미엄급 화장품도 경쟁하고 있는 상황이다.

    최근 국내 상위 10대사 실적을 기준으로 살펴보면, 상위 업체의 시장점유율이 80%를 넘어 과점시장의 형태를 보이고 있다. 까다로운 내수환경에도 불구하고 상위 2개 업체인 아모레퍼시픽과 LG생활건강의 내수점유율은 확대 추세에 있다. 이는 지속적인 연구개발을 통한 제품의 품질 및 브랜드 경쟁력의 강화와 소비자들의 니즈에 부응하기 위한 차별화된 전략 때문이라고 보여지며, 궁극적으로는 이 두 업체가 글로벌 업체 대비 경쟁력이 강화되고 있음을 입증한다.

Fig 05

아모레퍼시픽과 LG생활건강의 국내 시장점유율 증가 추세

단위: (%)

	2012년	2013년	2014년
아모레퍼시픽	31.1	32.7	32.5
LG생활건강	15.8	16.8	16.9
합산 점유율	46.9	49.5	49.4

자료: 칸타월드패널

화장품 소비에서 온라인 판매 비중이 커지면서, 국내 업체의 시장점유율은 꾸준히 상승할 것으로 예상된다. 경기 부진으로 국내 소비자들이 비싼 프리미엄 해외 제품 구매를 꺼리고 있고, 글로벌 브랜드의 주요 판매 채널인 백화점에 대한 방문 역시 줄이고 있기 때문이다. 반면 국내 업체들은 소비자 취향 및 트렌드 변화에 신속 대응하고 있어 대조적이다. 결국 장기간 기술력과 품질에 대한 투자로 인해 다수의 히트 브랜드를 보유한 국내 주요 화장품 업체들은 내수시장 지배력을 꾸준히 강화할 전망이다.

중저가 브랜드의 격렬한 가격 경쟁

한편, 국내 중저가 화장품 시장은 아웃소싱 제품을 바탕으로 마케팅과 유통망에 집중한 브랜드숍 위주로 성장해왔고, 이로 인해 영세한 기존 전문점 채널은 쇠퇴하였다. 일례로 국내 단일 브랜드숍의 대표 업체인 에이블씨엔씨의 경우 2008~2013년 사이 연매출 증가율이 평균 32%를 기록하였다. 이와 같은 높은 매출 성장과 시장의 낮은 진입 장벽은 다수의 업체가 시장에 진출하게 된 원인이 되었다. 2008~2009년 토니모리, 네이처리퍼블릭, 스킨푸드와 같은 신규 업체의 진입은 2012~2013년 가격 경쟁 심화로 이어졌다. 브랜드와 품질 경쟁력을 갖춘 회사는 경쟁 업체 대비 높은 매출 성장과 수익성 개선을 누린 반면, 그렇지 못한 업체는 매출 감소 혹은 영업 손실까지 기록하게 되었던 것이다.

브랜드숍 특성상 소비 취향의 변화가 빠르고 저가시장인 만큼 모방 제품이 남발하고 있어 각 기업마다 주력 상품의 독점력은 거의 없는 편이다. 따라서 시장점유율 확보를 위해 업체들의 가격경쟁이 시작되었던 것이다. 이같은 치열한 경쟁은 할인 일수 증가에서도 찾아볼 수 있다. 상위 5개 업체의 연간 할인 일수를 살펴보면 지난 2010년 50일에서 2013년 370여 일로 크게 늘어났다. 이와 같은 치열한 할인 경쟁으로 브랜드숍 업체의 외형은 성장하였으나 이익에는 부정적으로 작용해 2014년에는 할인 일수가 소폭 줄어들어드는 등 경쟁 완화의 시그널을 보이고 있다. 하지만 차별화된 제품 출시 등 제품 경쟁은 여전히 심한 편이다.

과거 수년간 개별 업체 및 브랜드별 영업 실적을 살펴보면 이니스프리(아모레퍼시픽)와 더페이스샵(LG생활건강), 네이처리퍼블릭은 높은 매출 성장을 보였다. 반면 에뛰드(아모레퍼시픽)와 미샤(에이블씨엔씨)는 매

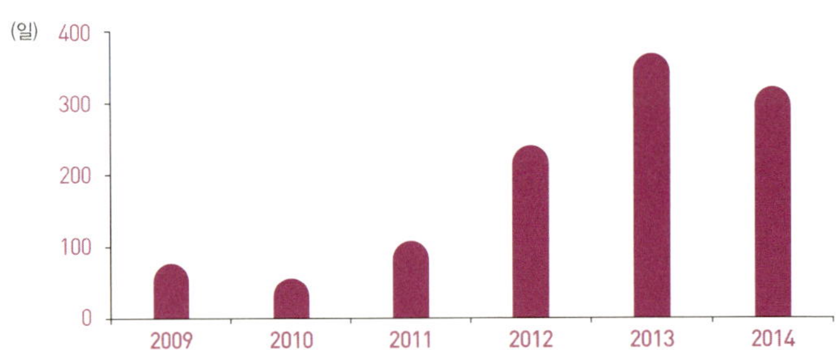

Fig 06

상위 5개 브랜드숍의 업체 할인 일수 – 큰 폭으로 늘어나다 2014년 들어 소폭 감소

* 상위 5대 브랜드: 더페이스샵, 이니스프리, 에뛰드, 에이블씨엔씨, 네이처리퍼블릭

자료: 각 사

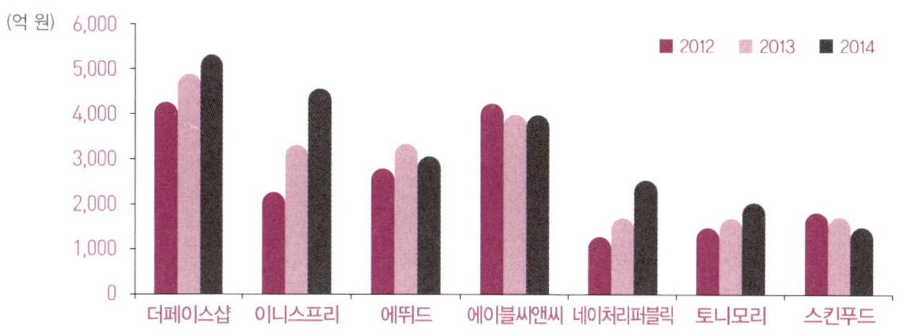

출 부진과 영업이익률 하락을 경험했다. 성공을 거둔 업체들은 브랜드 가치 상승으로 이어진 만족스런 쇼핑 경험, 높은 빈도의 재구매를 이끌어 낸 좋은 품질, 소비자 취향의 고급화와 트렌드 변화에 대한 민첩한 대응력 덕분에 성공할 수 있었다고 판단된다.

멘토의 Tip ⑧   아모레퍼시픽의 글로벌 전략 생각하기

아모레퍼시픽이 국내를 넘어 글로벌 플레이어로 거듭나기 위해 어떤 구체적인 노력이 필요할지에 대해 생각해봅시다.

국내 화장품산업의 경우 아모레퍼시픽과 LG생활건강 양강 구도로 굳어진 상황입니다. 이는 브랜드 관리와 소비자 니즈를 즉각 반영한 결과로 해석됩니다. 이제 아모레퍼시픽은 국내에서의 탄탄한 입지를 바탕으로 글로벌 세계로의 도약을 준비하는 단계로 볼 수 있습니다. 경영학 전공자 혹은 브랜드나 소비자에 관심이 많은 취준생이라면 아모레퍼시픽이 명실상부한 글로벌 플레이어로 거듭나기 위해서는 무엇이 구체적으로 필요할지와 같은 전략적 변수들에 대해 관심을 갖고 탐색해보시기 바랍니다. 아모레퍼시픽이 벤치마킹 상대로 보고 있는 로레알, 유니레버, P&G와 같은 해외 글로벌 기업의 비즈니스 전략과 활동에 대해서도 탐색하고 아모레퍼시픽이 고려해볼 만한 시사점을 도출해봅시다.

멘토의 *Tip* ❾　　'제약사 화장품' 시장 성장에 대응하기

제약사 화장품 시장의 성장에 대한 대응 전략을 생각해봅시다.
여기에서는 본격적으로 다루지 않고 있지만 제약사들이 화장품 시장에 본격적으로 참여하고 있고, 일정한 성과를 보이기 시작하고 있습니다. 면접에서 제약사들의 화장품 시장 참여에 대해 어떻게 대응해야 할지 물어볼 수 있으므로 '제약사 화장품' 같은 키워드를 갖고 관련 내용과 흐름, 그리고 시사점 등을 잘 챙겨보시기 바랍니다.

관련 자료 찾아보기 ❸
코스인코리아닷컴, '격해지는 국내 화장품산업의 경쟁 요인과 전략'

국내 화장품산업의 경쟁 구조와 관련해서는 인터넷 신문 코스인코리아닷컴의 화장품 칼럼 섹션 중 '격해지는 국내 화장품산업의 경쟁 요인과 전략'을 간단하게나마 참고해볼 수 있습니다. 이 섹션은 이외에도 화장품 시장을 둘러싼 다양한 이슈들에 대한 현업 전문가들의 글을 게재하고 있으니 유용한 정보들을 챙겨보시기 바랍니다.

아모레퍼시픽의
지속 성장 비결

상위 브랜드의 수익성 개선

현 시점에서 살펴보면 상위 브랜드 업체의 수익성은 지속적으로 개선될 것으로 보인다. 특히 고가 화장품 회사의 수익성 개선이 뚜렷하게 나타나고 있는데, 이는 고마진 면세점과 온라인 판매가 주원인이다. 소비자들의 합리적인 구매 성향과 모바일을 중심으로 하는 온라인 등 디지털 채널을 통해 구매 확대가 나타나는 가운데, 해외 관광객 증가로 인해 면세점 채널을 통한 매출 증가가 나타나고 있는 상황이다.

구체적으로는, 면세점 채널에서 판매되는 주요 제품은 대부분 고가(예: 아모레퍼시픽의 설화수, LG생활건강의 후)이며 백화점과 대비해서 회전율이 높기 때문에 이익률이 높은 특성이 있다. 또한 온라인 채널은 매장 투자비, 노무비 등의 부가 비용이 들어가지 않고 판매수수료가 오프

라인 채널 대비 현저히 낮기 때문에 타 채널 대비 높은 이익률을 나타
낸다. 영업이익률 기준으로 면세점은 20% 중반, 온라인은 20% 초반
으로 추정되고 있으며, 이는 백화점의 7~8%, 방문판매의 10% 후반대
의 이익률보다 높은 수준이다.

시장점유율 확대 위한 끊임없는 변화 추구

장기적인 측면에서는 유통망 및 브랜드력을 확보한 소수의 상위 업
체들이 시장점유율을 확대시키는 과점화가 진행될 것으로 예상된다.
화장품산업에서 브랜드가치의 개선은 곧 이익률 개선으로 이어진다.
화장품 업체들은 활발한 마케팅 활동을 통해 브랜드를 확립하게 되는
데, 아모레퍼시픽의 경우 전체 매출의 약 11%를 광고 및 판촉비에 투
자하고 있으며, 이와 같은 투자는 브랜드 인지도가 한번 정립되고 나
면 소비자들의 브랜드 충성도로 이어지기 때문에 장기적으로는 비용
부담을 줄일 수 있는 요인이기도 하다.

예컨대, 아모레퍼시픽은 2014년 마케팅 방식의 효율화를 통해 매출
대비 마케팅 비용을 줄였지만 시장점유율은 오히려 상승했다. 이는
장기간 기술력과 품질에 주력하고 브랜드 이미지에 대한 투자를 통해
선도적인 브랜드를 확보한 덕이다. 또 브랜드 확립 후 소비자 선호가
생기면 가격 인상 저항이 낮아지고, 가격 인상에 따른 원가율 개선은
결국 이익 개선으로 이어진다.

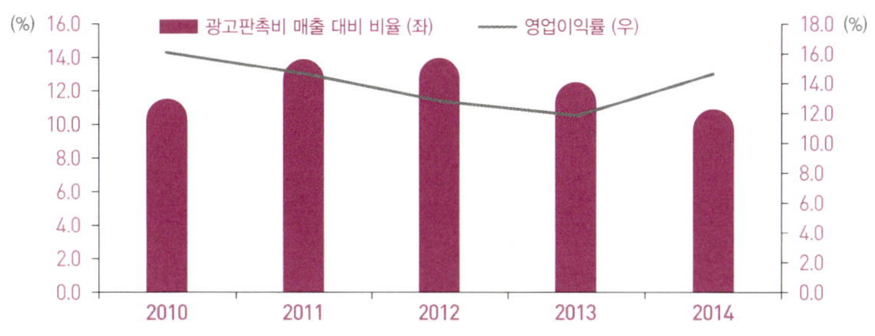

자료: 아모레퍼시픽

중저가 브랜드의 서바이벌 게임

중저가 채널인 로드숍의 경우 개별 기업별로 차이는 있으나 시장 전반적으로 수익성은 더 이상 나빠지지 않을 것으로 보인다. 이는 많은 브랜드숍 업체들이 이미 적자를 기록하거나 이익률이 감소해왔을 뿐만 아니라 상위 업체들이 지나친 할인 행사를 줄이기 시작했기 때문이다. 2014년 국내 원브랜드숍 시장 규모는 약 2조 6,000억 원 정도로 추산되는데, 상위 업체인 더페이스샵과 이니스프리의 합산 점유율이 약 40%다. 이들 상위 그룹이 앞서서 다양한 콘셉트의 프리미엄 제품을 출시하고 있는데 이러한 노력으로 대상 소비자의 연령층이 확대되고 중국인 관광객 효과도 가속화시킬것으로 보인다.

개별 기업별로 살펴보면 아모레퍼시픽의 이니스프리는 할인 판매 일수를 최소화하고 안티에이징 제품과 같은 기능성 고마진 제품을 출시하여 매출 및 영업이익률의 개선을 이어가고 있다. 또한 2014년 9월에

R&D 이노베이션센터를 오픈한 LG생활건강의 더페이스샵은 동센터를 통해 생산 속도를 높이고 비용을 절감하는 가운데 주력 제품은 자체 생산을 통해 타사와 차별화를 두려 하고 있다. 2014년 더페이스샵의 영업이익률은 2013년 17.3%에서 2014년 11.3%로 하락하였는데 이는 국내 사업의 할인 경쟁에 기인한 것으로 파악된다. 그러나 국내 사업이 수익성 위주로 진행되며 R&D센터가 효율화되는 모습을 나타내고 있어 향후 수익성은 더 이상 악화되지 않을 것으로 보인다.

한편 에이블씨엔씨의 미샤와 아모레퍼시픽의 에뛰드는 실적의 어려움을 겪었던 업체들이다. 미샤의 경우 히트 아이템 부재, 브랜드 가치 하락, 강도 높은 가격 할인이 결국 매출 감소로 이어져 수익성 하락(2013년 영업이익 전년대비 90% 하락, 2014년 영업이익 전년대비 34% 하락)으로 고전해 왔다. 그러나 2014년 하반기부터 저수익 점포 정리와 광고비 절감으로 4분기부터는 가시적인 실적이 나오고 있는 상황이다. 에뛰드의 경우는 장기적 브랜드 가치 증진을 위해 할인 일수 축소 및 광고비 감축에 따라 2014년 매출 및 영업이익이 전년대비 각각 9%, 79% 하락하였다. 이처럼 상위 업체가 선도적으로 무분별한 광고판촉비를 감축한 것은 향후 저가 화장품 업체 간 경쟁이 완화될 가능성이 있음을 암시한다. 이미 하위 그룹의 업체들은 적자를 벗어나지 못하거나 이익률이 낮아지고 있는 상황에서 무분별한 할인 행사가 지속되지 않을 것으로 보이기 때문이다.

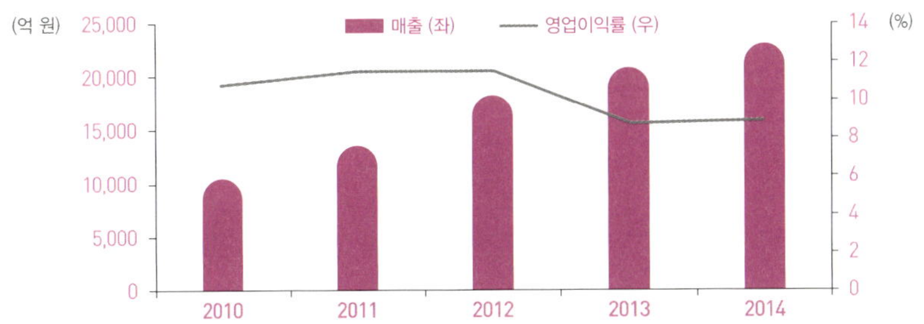

* 상위 7대 브랜드: 더페이스샵, 이니스프리, 에뛰드, 에이블씨엔씨, 네이쳐리퍼블릭, 토니모리, 스킨푸드

자료: 각 사

멘토의 _Tip_ ⑩   아모레퍼시픽의 성장을 막는 위험 요소 인식하기

아모레퍼시픽이 현재의 성장세에도 불구하고 무엇을 위험 요소로 인식해야 할지에 대해 생각해봅시다.

당분간 화장품산업의 성장세가 지속될 것으로 보이지만 문제는 10년 후 먹거리에 대한 고민일 수도 있습니다. 지금은 면세점 영업의 활성화, 온라인 채널 정착 등의 요인으로 성장세가 뒷받침되고 있지만 이 요인들이 더 이상 장점으로 작동하지 않는 시점에는 어떤 생존 전략이 요구되는지에 대한 고민을 아모레퍼시픽으로서는 하지 않을 수 없습니다. 전략 기획 파트에 관심이 있는 취준생이라면 이 부분에 대해서 대안을 모색해보면 아모레퍼시픽뿐만 아니라 여타 기업의 취업 준비에도 도움이 될 것입니다. 기업은 단기적인 생존뿐 아니라 장기적인 성장도 고려하는 균형 있는 행보를 항상 요구 받습니다. 특히 급격한 대내외 경기 불안과 다양한 정치, 경제 이슈 등 경영 환경 변화에 신속히 대응하기 위해 효과적인 리스크 관리 체계의 확보는 필수적입니다. 본인이 아모레퍼시픽의 리스크 관리 담당자라고 생각하고 아모레퍼시픽이 어떠한 리스크에 대한 식별, 평가 및 대응방안에 대한 고려가 필요할지 고민하는 것은 기업을 이해하는 데 많은 도움이 될 것입니다.

관련 자료 찾아보기 ❹
태평양화장품 브랜드 사례, 〈체험 마케팅과 브랜드 관리〉

앞으로도 아모레퍼시픽이 지금과 같은 성장세를 유지하기 위해서는 브랜드 가치의 확장 여부가 매우 중요하다는 점을 이해할 수 있습니다. 이와 관련해서 시기는 다소 지났지만 태평양화장품의 브랜드 사례를 중심으로 분석한 〈체험 마케팅과 브랜드 관리〉라는 자료를 참고할 만합니다. 화장품 회사가 체험 마케팅에 대해 어떻게 전략을 짜고 실행하는지를 라네즈, 미쟝센, 이니스프리 등의 브랜드 사례를 통해 설명하고 있어, 화장품 업계 지원자라면 필독 자료라고 하겠습니다.

AMOREPACIFIC

시장:
국내를 넘어 세계로 도약하는 업계 선두 기업

글로벌 시장에서 맹활약하고 있는 아모레퍼시픽입니다. 특히 중국 시장에서 활약이 두드러지고 있습니다. 화장품 시장에서 유통 채널의 진화로 마케팅 전략과 판매경로에도 급격한 변화가 일어나고 있습니다. 변화의 물결 속에서 에어쿠션이라는 '혁신 제품'으로 화장품 시장의 판도를 바꾸기도 한 아모레퍼시픽의 면면을 살펴보도록 합시다.

01

뷰티 시장 점유율
1위의 위상

화장품산업은 무한한 성장 잠재력을 가진 미래 고부가가치 산업으로 글로벌 경쟁력 제고를 위해 정부 차원에서도 집중 육성하고 있는 산업 분야 중 하나이다.

국내 화장품 시장은 면세점 및 온라인 채널을 통한 매출 성장이 높은 수준으로 유지되어 화장품 전체 시장의 성장을 견인하며, 안정적인 성장세를 이어갈 것으로 보인다. 향후 소비자 구매 패턴 변화에 대한 신속한 대응, 다양한 유통 채널의 확장 등 업체들의 시장 확대 노력으로 국내 화장품 시장은 2014년 이후 2018년까지 연평균 3.4% 성장을 보일 것으로 전망한다.

국내외 시장 점유율 확대

국내 시장에서는 아모레퍼시픽과 LG생활건강 같은 국내 기업의 시장점유율 확대가 지속될 것으로 보인다. 이는 순수한 국내 수요 때문이라기 보다는 중국 내방객들의 수요가 크게 증가했기 때문이다. 화장품 시장에서 면세점 채널의 비중은 2014년 약 18%였으나, 향후 점차 더 확대될 것으로 보여 가장 중요한 판매 채널이 될 것으로 전망한다. 한편 외국계 브랜드들은 고전을 면치 못할 것으로 보여지는데 이는 백화점 내 경쟁 격화, 국내 소비층의 수요 부족, 중국 관광객들의 외면, 외사 브랜드의 신규 채널 진출 노력 한계 등에 기인한다.

한국화장품 업체들은 그동안의 국내 시장에서 탈피하여 최근부터 본격적으로 해외 진출을 시작했다. 대표적인 화장품 브랜드 업체인 아모레퍼시픽과 LG생활건강은 중국 및 동남아에서 사업 확장을 활발하게 진행하고 있다. 특히 아시아 시장에서는 한류의 영향으로 긍정적인 성과가 기대된다. 새롭게 개척하고자 하는 분야로는 지역적으로는 아시아, 특히 중국 시장이며, 주력 제품으로는 아시아인들의 취향을 감안하여 투명한 피부 표현을 위한 제품(BB크림, CC크림, 에어쿠션 등)을 지속적으로 출시하고 있다.

국내에서는 아모레퍼시픽이 지속적으로 국내 화장품 시장 1위를 유지하고 있다. 한편 국내 프리스티지 화장품 시장에서는 에스티로더의 시장점유율이 아모레퍼시픽에 밀리고 있지만, 세계적으로 여전히 높은 위상을 자랑하고 있다. 저가 화장품에서는 진입 장벽이 낮아 신규 업체들의 진입과 퇴출이 빈번하게 이루어지고 있다. 에이블씨엔씨의 미샤 경우 국내 저가 화장품 시장의 1위 브랜드였으나, 차별적인 신상품 부족과 무분별한 마케팅 활동으로 2013년부터 2014년 상반기까지 영업상 어려움이 많았다.

스펀지의 혁신 – 아이오페 '에어쿠션'

히트 제품의 위력은 아모레퍼시픽의 '에어쿠션'을 통해 실감할 수 있다. 아모레퍼시픽의 중가 브랜드인 아이오페는 2008년 소비자 취향의 민감한 변화에 대응하여 선크림과 메이크업 베이스, 파운데이션 등을

Fig 10

아모레퍼시픽의 히트 상품: 브랜드별 에어쿠션

자료: 아모레퍼시픽

특수 스펀지 재질에 복합적으로 흡수시켜 팩트형 용기에 담아낸 제품인 '에어쿠션'을 도입하였다. 에어쿠션은 출시된 이래 국내뿐 아니라 전 세계 메이크업 시장의 트렌드를 바꿔 놓았다.

아모레퍼시픽은 현재 아이오페 에어쿠션®, 헤라 UV미스트쿠션, 라네즈 BB쿠션, 아모레퍼시픽 트리트먼트CC쿠션, 리리코스 마린UV워터쿠션, 베리떼 UV멀티쿠션, 설화수 퍼펙팅쿠션, 이니스프리 롱웨어쿠션 등 총 13개의 브랜드에서 유통 채널별로 다양한 쿠션 제품을 판매하고 있다. 아모레퍼시픽의 쿠션 제품은 국내외에서 2014년 누적 판매량 4,686만 개 이상 팔리고 2014년 연간 6,400억여 원에 달하는 매출을 기록한 것으로 추정된다.

쿠션 제품은 그동안 볼 수 없었던 새로운 제품 카테고리이며, 한국인뿐만 아니라 세계인의 화장 문화를 바꾸고 있다. 아모레퍼시픽의 쿠션 제품은 국내외 95건의 특허 출원, 21건의 특허 등록을 통해 제품의 차별성을 나타내고 있다.

이에 대응하여 글로벌 브랜드인 에스티로더와 랑콤도 유사한 제품을 출시하였다. 이러한 노력에도 불구하고 글로벌 업체들은 급변하는 소비자 수요 대응에 있어 아모레퍼시픽에 비해 여전히 한발 뒤쳐지고 있는 상황이다. 아모레퍼시픽이 한국 여성들의 촉촉하고 깨끗한 피부 표현을 부러워하는 아시아 소비자들의 니즈에 매우 빠르게 대응하기 때문이다.

매출로 실감하는 혁신 제품의 위력

쿠션의 위력은 아모레퍼시픽의 브랜드별 매출에도 나타난다. 2008년 이전 아이오페는 중가 화장품의 하락세 영향에서 자유롭지 못했다. 고가 브랜드인 헤라 역시 확고한 브랜드 포지셔닝이 부족한 상태였다. 그러나 아이오페가 쿠션 제품에 대한 사용자 경험을 높이기 위해 홈쇼핑 채널에 출시하자 긍정적인 소비자 반응이 나타났다. 홈쇼핑에서 소비자들의 폭발적인 호응을 바탕으로 다른 유통 채널에서도 에어쿠션을 구입하는 고객이 크게 늘어나기 시작했으며 다른 브랜드별로 신제품 출시가 이어지고 다양한 색깔과 라인으로 세분화되면서 브랜드별 매출 또한 증가하게 되었다.

이는 쿠션 제품 출시를 통해 기존에 헤라나 아이오페를 사용하지 않

Fig 11

아모레퍼시픽 브랜드별 매출 – 히트 제품인 쿠션 매출 증가가 브랜드 매출 증가로 이어져

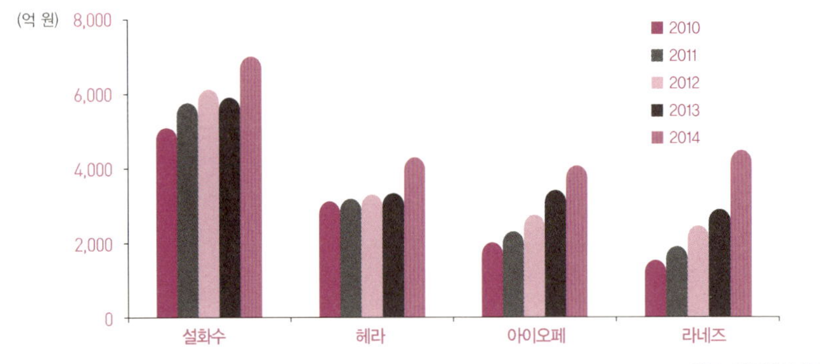

았던 고객들의 유입으로 이어졌고, 또한 제품의 높은 만족도를 느낀 고객들의 재구매가 확산되어 선순환 구조를 이루었기 때문이다.

멘토의 Tip ⑪ K-cosmetic 개척 아이디어 창출하기

중국과 동남아 시장에서 K-cosmetic의 활용 전략에 대해 생각해 봅시다.

최근 아모레퍼시픽이 중국을 중심으로 한 해외 진출을 가속화하는 모양새입니다. K-pop에 이어 K-cosmetic이 한류를 대표하면서 새로운 도약을 모색하는 상황입니다. 따라서 아모레퍼시픽으로서도 중국과 동남아 시장에 대한 이해와 식견을 갖춘 해외 영업 및 마케팅 인력을 지속적으로 확충할 개연성이 높다고 해야 할 것입니다. 중국 혹은 동남아에서의 생활 경험이 있거나 관련성이 있는 경우라면 간단하게나마 영업을 개척할 수 있는 아이디어를 잘 정리해보시기 바랍니다.

멘토의 Tip ⑫ 에어쿠션을 다양한 관점에서 연구하기

에어쿠션을 다양한 관점에서 분석하고 생각해봅시다.

에어쿠션이야말로 아모레퍼시픽이 추구하고자 하는 제품 혁신의 전형적인 사례라고 할 수 있습니다. 기존에 없던 것에서 새로운 가치와 룰을 만들어 소비자 가치를 실현한 경우인데요. 아모레퍼시픽의 어떤 역량에서 이런 쿠션이 만들어질 수 있었는지, 그리고 향후 또 다른 제품 혁신의 가능성은 없는지 가볍게라도 살펴보시면 화장품 비즈니스와 아모레퍼시픽의 핵심 가치를 이해하는 데 큰 도움이 될 것입니다.

중국 화장품 시장과 관련해서 대한화장품산업연구원에서 2012년에 펴낸 〈효과적인 중국 화장품 시장 공략을 위한 소비자 행동 이해〉라는 보고서를 참고해볼 만합니다. 우리나라 화장품 기업의 대중국 진출 전략에 대한 시각과 아이디어를 탐색해보는 데 유용한 자료입니다.

2015년 1월 매출 규모로 아모레퍼시픽의 10배가 넘는 프랑스 로레알 사가 아모레퍼시픽의 에어쿠션을 모방한 미라클쿠션을 프랑스에서 출시하면서 아모레퍼시픽과의 특허 소송전이 예고된다는 보도가 있습니다. 또한 에어쿠션과 관련하여 사용기라든지 해외에서의 반응 같은 다양한 정보를 온라인에서 확인할 수 있습니다. 세계적 히트 상품인 만큼 추상적으로만 이해하는 데 그치지 말고, 관련 이슈 등 구체적인 내용들을 잘 정리하여 자기 나름의 시각을 갖출 필요가 있습니다.

02

주시하는
중국 시장의 움직임

본격화되는 해외 시장 진출

해외 사업은 글로벌 기업으로 자리매김하기 위한 화장품 회사의 핵심 성장 동력이다.

국내 화장품 업체들은 특히 중국을 중심으로 한 아시아 시장으로의 진출을 본격화하고 있다. 중국 화장품 및 개인생용품 시장은 2014년 기준 약 2,900억 위안(약 50조 원)에 달했으며, 이는 미국에 이은 세계 2위 규모이다. 이는 중국 소비자의 가처분소득 증가와 외모에 대한 관심 증대에 기인한다. 향후 이러한 경향이 화장품 수요를 이끌어 중국 화장품 시장은 2018년까지 연평균 7%씩 성장, 2018년까지 3,900억 위안(약 65조 원) 규모로 성장할 것으로 전망된다.

최근 중국 농촌 지역의 가파른 도시화 진행도 화장품 수요를 촉진할

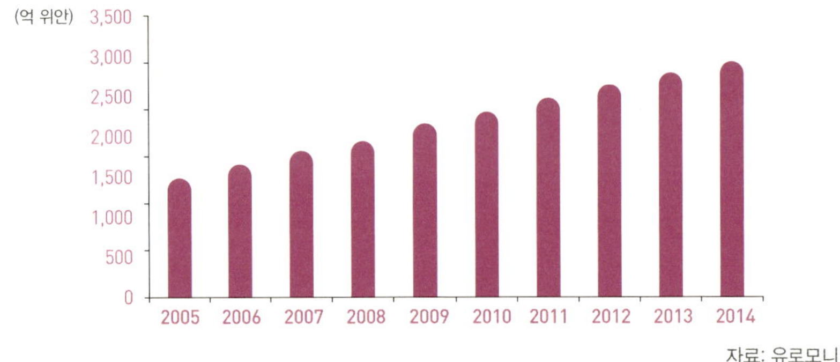

것으로 예상된다. 중국국가통계국에 따르면, 중국의 도시화율은 2010년 49.7%에서 2015년 54%로 상승할 전망이며, 2035년에는 70%에 이를 전망이다. LG경제연구원에 따르면 현재 중국 인구의 약 10%인 1억 명 정도만이 화장품 사용 인구로 추정되고 있는데, 도시화를 통해서 구매 고객층이 확산되고 소득수준 증가로 고가 화장품의 수요 역시 증가할 것으로 예상된다.

무한 성장의 가능성을 지닌 중국시장

인당 화장품 소비의 관점에서 본다면 중국시장 성장성의 긍정적인 전망은 충분히 정당화된다.

중국의 1인당 화장품 및 개인생활용품 소비는 현재 35달러로 한국

나라별 인당 평균 화장품 및 개인생활용품 소비금액 – 중국인 인당소비금액*이 주요 국가 구매액의 10~15% 수준으로 앞으로 상승 여력 높아

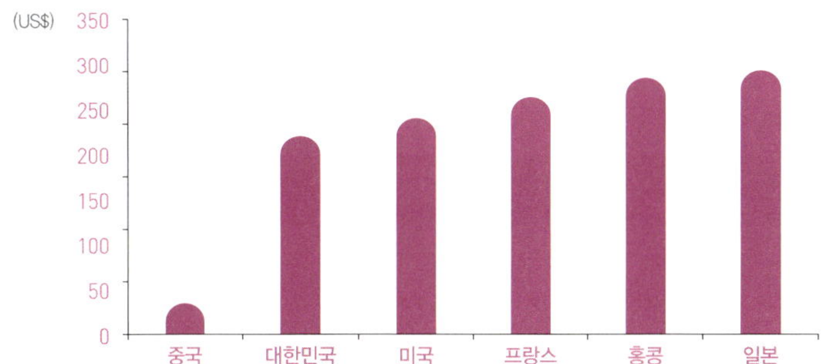

* 인당소비금액: 나라별 전체 시장 금액에서 인구 수를 나눈 수치로 앞으로의 시장 성장 여력을 추정하는 수치로 사용

자료: 유로모니터

의 220달러, 일본의 292달러, 미국의 239달러와 비교할 때 현저히 낮은 수준이다. 소득 증가에 따른 인당 소비 증가와 소비자 취향의 고급화가 진행될 것임을 고려한다면 중국의 향후 소비의 상승 여력은 상당히 높다고 판단된다.

중국의 화장품 수요가 한국 대비 약 20년 가량 후행한다고 가정할 경우, 중국시장이 현 한국시장 정도의 규모에 도달하려면 향후 20년간 연평균 약 9.6%씩 성장해야 한다고 할 수 있다. 이처럼 중국 화장품 시장의 성장 가능성은 매우 높다고 할 수 있다.

가파르게 성장하는 성장하는 중국시장 점유율

중국 화장품시장의 점유율 구조를 살펴보면 몇가지 특징이 있다. 중국시장은 P&G와 로레알이 상당 부분을 차지하고 있으나 기타 업체들이 각각 4% 미만의 점유율을 기록하고 있어 아직까지 구체적인 승자의 모습이 나타나지는 않고 있다. 그러나 상위 15개 업체의 합산 시장 점유율이 2005년 44%에서 2014년 51%로 증가하면서 일부 과점화의 초기 모습을 보이고 있으며, 일부 다국적 브랜드는 중국 로컬 업체에 시장 점유율을 잠식당하고 있는 상황이다.

시장점유율이 높아지고 있는 업체는 로레알, 바이어스도르프, 상하이자화, 잘라그룹, 아모레퍼시픽 등인데, 이는 아시아 기업이 중국 시장에서 상대적으로 빠르게 성공을 거두고 있음을 시사한다. 이는 중

중국 내 화장품 업체 시장점유율 트렌드 - 로레알, 바이어스도르프, 상화이자화, 잘라그룹, 아모레퍼시픽 시장점유율 증가 추세

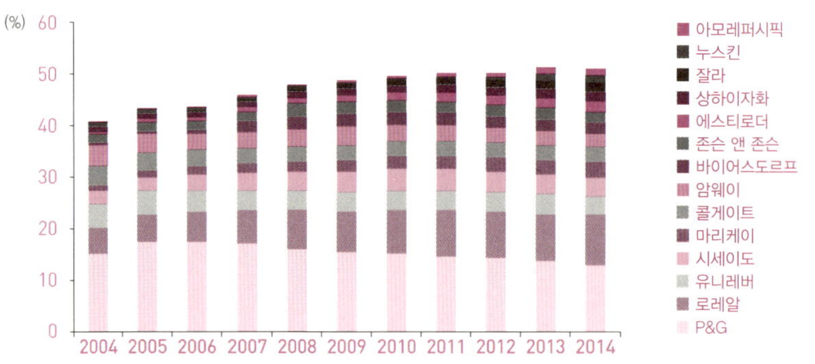

자료: 유로모니터

국인 소비자들이 특히 웰빙에 대한 관심이 커지고 중국 내 빈번한 안전사고로 인해 체내에 들어가는 제품으로 믿을 수 있는 천연 성분을 선호하는 추세인데, 아시아 기업들이 이러한 소비자의 니즈에 맞추어 천연 성분 제품 개발과 브랜드 포지션에 성공한 것으로 보인다.

현지 업체와의 저가브랜드 경쟁 심화

중국시장에 다수의 업체가 진출해 있다는 점은 소규모 업체를 포함한 모든 화장품 업체가 중국에서 기회를 찾고 있다는 점을 의미한다. 브랜드 가치가 높고 경쟁력 있는 업체들은 시장 규모 확대와 점유율 상승의 수혜를 누릴 수 있겠으나, 반면 경쟁 강도는 여전히 높을 것으로 보여진다.

저가 화장품시장은 다수의 중국 현지 기업들이 진출해 있어 경쟁 상황이 더욱 심하다. 2018년까지 예상되는 중국 화장품시장 성장 기준으로, 저가 화장품시장의 성장 기여도는 70% 수준으로 전망된다. 이는 2~3선 도시에서의 화장품 수요가 증가하고 있기 때문이다. 이러한 도시에서는 해외 브랜드보다 중국 현지 브랜드들이 선전하고 있는데, 중국 소비자가 보다 친숙하고 합리적인 가격으로 포지셔닝하고 있는 현지 브랜드를 선호하고 있기 때문이다. 이와 같이 향상된 품질과 현지 문화에 대한 높은 이해를 바탕으로 중국 현지 브랜드의 시장 점유율을 꾸준히 올리고 있는 추세다.

주요 중국 현지 업체인 상하이자화가 그 예이다. 상하이자화의 2014년 중국 내 스킨케어 시장점유율은 3%로 이는 2010년 대비 0.9% 포인트 성장한 수치이다. 이 업체의 성공은 적극적인 외자 브랜드와의 기술협력과 R&D투자(매출액의 약 3% 수준)에 따른 브랜드력 확보에 따른 것으로 보인다. 반면 외국 브랜드인 레블론과 가르니에(로레알의 저가 브랜드)는 2014년 초 영업 부진을 이유로 브랜드 철수를 발표하였다. 이와 같이 중국 현지 업체는 품질 향상과 소비자 요구에 대한 신속 대응을 통해 앞으로도 시장점유율을 계속 확대할 나갈 것으로 보인다.

멘토의 Tip ⑬　　　　아모레퍼시픽의 대중국 전략 세우기

아모레퍼시픽의 대중국 전략을 생각해봅시다.
아모레퍼시픽의 중국시장 진출과 관련한 전략을 이해하는 데 있어 여기에 설명된 내용들을 참고하면 유용할 것입니다. 중국시장에 관심 있는 취준생이라면 중국시장의 현황, 특징, 기회 요인, 중국 소비자 특성, 해외 기업과의 제휴 방식 등의 관점에서 본 내용들을 참고하여 보다 구체적인 내용들을 탐색해보시기 바랍니다.

　인터넷에 '중국 화장품시장의 성장성'과 '아모레퍼시픽 중국 진출 전략'
이라는 키워드로 검색해 보면 연구소, 언론, 단체, 잡지 등의 매체에서 이
주제를 다양한 시각으로 다루고 있다는 점을 알 수 있습니다. 2008년부
터 중국에서 시행하고 있는 '메이크업 유어 라이프' 같은 사회공헌 프로그
램, 제주도산 원재료를 사용하는 방식의 자연주의 이미지, 라네즈를 아시
안 브랜드로 만드는 전략, 중국 본토에 앞서 홍콩에 먼저 입성한 전략 등
다양한 내용들을 체크해서 중국시장에 대한 이해도와 마인드를 높여 보시
기 바랍니다.

화장품 유통의
지각 변동과 발 빠른 대처

국내 화장품시장은 유통 환경의 변화와 합리적인 소비 트렌드의 확산으로 백화점 및 방문판매와 같은 전통적인 채널의 비중이 감소하는 대신 신유통의 판매가 확대되었다. 디지털화

Fig 15

국내 화장품 유통 채널별 매출 비중 추이 – 온라인 비중 증가가 두드러져

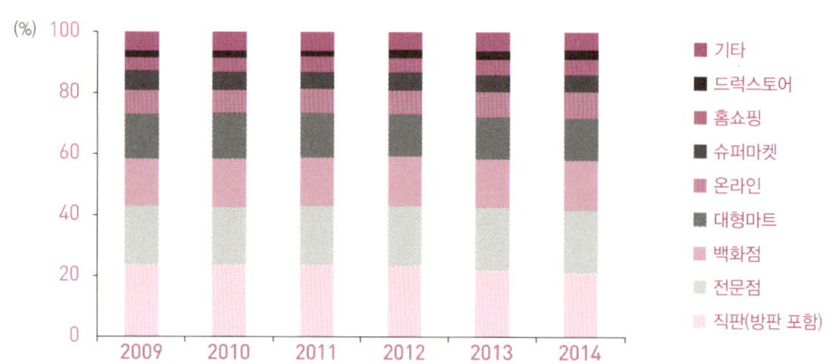

자료: 유로모니터

된 유통 환경의 변화와 스마트폰의 보급 확산으로 접근 용이성이 높아진 모바일과 온라인 경로로 고객 유입이 확대되면서 디지털 채널이 고성장하고 있는 것이 그것이다. 또한 중국인 관광객이 크게 증가하면서 면세 채널 역시 고성장하며 국내 화장품 시장의 성장을 이끌어가고 있다.

성장의 핵심 플랫폼 '온라인'

온라인 채널은 화장품 제조업체에 중요한 판로가 되어가고 있다. 2014년 기준 화장품 온라인 쇼핑 거래액은 2조 6,600억 원으로 전년대비 22% 증가하였다. 특히 지난해 화장품 온라인 쇼핑 거래액 중 약 40%에 달하는 1조 원 정도가 모바일 쇼핑 거래액인 것으로 나타났다. 온라인 채널의 고성장은 소비자들의 합리적 구매 패턴으로 이해할 수 있다. 같은 물건이라도 온라인은 가격 비교를 통해서 다른 유통 채널보다 저렴한 가격의 물건을 제공한다. G마켓과 옥션, 11번가 등 오픈마켓이 온라인 화장품시장을 주도하고 있고, 소비자들이 아직도 '온라인=가격이 싸야만 한다'는 인식이 팽배하기 때문에 온라인 채널 안에서 가격에 따라 판매량의 증감이 달라지는 현상이 지속되고 있다.

이처럼 온라인을 통한 화장품 소비의 고성장이 지속될 것으로 전망하는데, 이는 온라인시장이 소매업체 간 가격 경쟁 심화로 소비자들에게 저렴한 가격으로 제품을 제공하고 있고, 결제 수단 개선에 따라

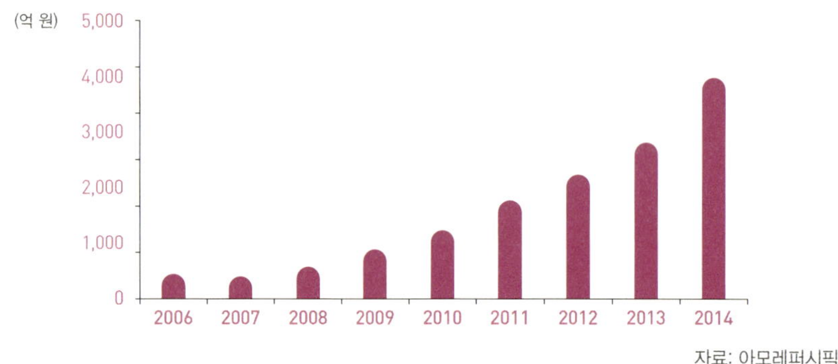

접근성이 향상되고 있으며, 모바일커머스 시장이 급부상하고 있기 때문이다. 이에 따라 국내 주요 화장품 업체는 프리미엄 브랜드 판매와 소셜커머스를 통한 제품 홍보를 위해 자체 인터넷 판매 채널을 구축하고 있으며 소비자들의 접근성을 높이고 있다. 아모레퍼시픽의 경우 온라인 매출 확대, 브랜드력 강화 및 판매 경로 다각화를 위해 온라인 전용몰의 수를 확대할 계획이다.

국내 화장품의 채널 시프트 '면세점'

면세점 유통은 2014년에 이어 앞으로도 높은 성장률이 기대되는 채널이다. 아모레퍼시픽의 2014년 면세점 매출은 방한 중국인 관광객 급증과 평균 지출 금액 상승에 힘입어 전년대비 102% 성장하였다. 이

아모레퍼시픽 면세점 매출 – 중국 내방객 증가로 고성장 지속

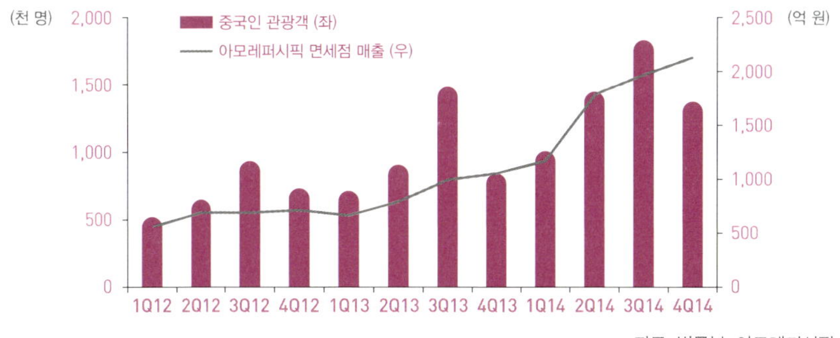

자료: 법무부, 아모레퍼시픽

와 같은 면세점 채널 성장의 가장 큰 요인은 방한 중국 관광객들의 증가이다. 한국관광공사에 따르면, 2014년 중국인 관광객 수는 전년대비 44% 급증하였다. 이들이 국내에서 화장품을 구매한 금액은 1조 8,450억 원으로 한국 화장품시장의 18% 내외를 차지할 정도 큰 비중을 차지한다.

향후 방한 중국인 관광객 수의 성장 여지도 충분할 것으로 보이는데, 이는 중국의 해외 여행객 수(홍콩 및 마카오 포함)는 2014년 현재 전체 인구의 8.4%에 불과하고, 방한 관광객 수는 전체 인구의 0.4%에 불과하기 때문이다. 또한 한국의 비자 요건 완화, 지리적 인접성, 중국 내 한류의 인기 등이 방한 중국인 관광객 수 확대에 기여할 것으로 보인다. 따라서 중국 인바운드 수요 확대에 따른 면세 채널의 급성장은 국내 화장품의 채널 시프트를 가속화시킬 것으로 예상된다.

전통 채널의 하락과 구조적 개선

한편 이러한 시장의 변화 속에서 전통 채널인 방문판매와 백화점, 할인점은 저성장 국면에 접어들었다. 특히 방문판매는 2012~2013년 2년간 경기 부진에 따른 소비자 구매력 감소, 다채널과 다브랜드를 사용하는 소비자의 구매 패턴 변화 등으로 시장 규모가 감소하였다. 친환경과 자연주의 등 새로운 콘셉트 브랜드의 인기가 지속되면서 라인 위주의 판매 전략보다 특색있는 판매를 구사하는 방문판매가 구조적으로 위축될 수밖에 없었던 것이다. 따라서 국내 주요 화장품 업체들은 대규모 재고 조정과 영업 효율성 개선(방문판매 사원 일인당 매출 확대 등), 방문판매 전용 신제품 출시 등 방문 판매 유통채널의 구조조정에 노력을 기울여왔다. 그 결과 방문판매의 매출은 2014년 하반기부터 점진적으로 개선되기 시작하였다.

Fig 18

아모레퍼시픽 채널별 매출 추이 – 면세점과 온라인 고성장 vs. 전통 채널 성장 둔화 및 역성장 추세

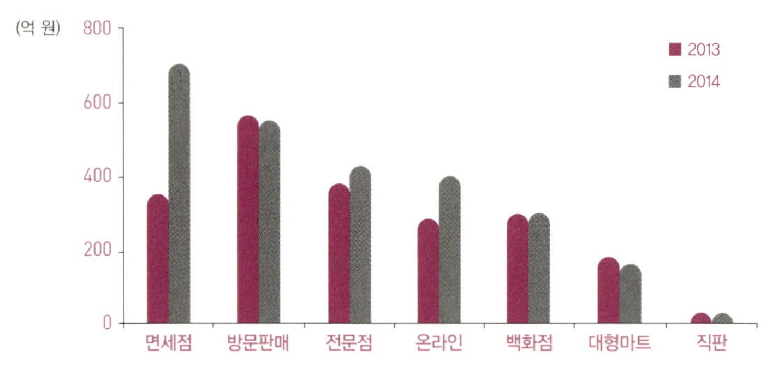

진화하는 소비 지도

디지털과 온라인화가 국내 화장품 시장에 미치는 영향은 정보의 공유로부터 시작되는 소비 습성이다. 최근 구매 경험을 중요시 하는 소비자들은 블로그, 페이스북, 트위터 등의 매체를 통해 상품에 대한 후기를 올리고 또 다른 이들의 구매 후기를 통해 구매를 간접 경험한다. 특히 20~30대 젊은층의 소비자들은 물건 하나를 구매하더라도 인터넷을 통해 정보를 알아보고 리뷰를 꼼꼼하게 읽어보는 등 상세한 조사를 통해 제품을 구매한다. 이처럼 한 소비자의 체험 리뷰가 다른 소비자의 구매 결정에 영향력을 행사하게 되는 것이다. 특히 화장품 구매에서 온라인 구매가 늘어나고 있기 때문에 이미 제품을 이용해 본 사람들의 평가를 참고하게 되는 경우가 많으며 또한 소비자들의 구매 패턴이 까다로워지고 합리적인 소비 트렌드와 맞물려 제품 리뷰의 중요성이 부각되고 있다.

케이블 채널에서 방송되는 메이크업 전문 예능 프로그램인 '겟 잇 뷰티'는 정보 공유를 통해 소비하는 습성을 잘 보여준다. 실제 이 프로그램에 소개되는 제품은 '완판' 행렬을 기록하고 있으며 제품에 대한 홍보 효과도 주고 있다. 또한 이곳에서 실행하는 품목별 블라인드 테스트 결과에 따라 브랜드별 주력 제품이 바뀌기도 하는 상황이다. 실제 2015년 초 본방송의 메인MC인 이하늬가 겨울 피부관리 제품인 마유크림을 방송을 통해 소개해 2015년 상반기 국내에서 가장 핫한 아이템 중의 하나가 되었다. 또한 마유크림이 해외 언론을 통해서 대한 민국이 개발한 독특한 화장품의 하나로 평가되면서 중국인 내방객들 사이에서도 큰 인기를 끌고 있다.

이에 따라 국내 주요 화장품 업체들은 이와 같은 현상을 적극적으로 신제품 마케팅에 활용하고 있는 추세이다. 남들보다 신제품을 먼저 사용하고 싶어하는 얼리어답터들을 대상으로 체험단을 운영하거나 제품 사용 인증샷이나 후기를 올리는 소비자들에게 서비스를 제공하는 것이 그 예다. 이처럼 화장품 업체들은 온라인 내 경쟁력을 확보하기 위해서 날이 갈수록 까다로워지는 소비자 니즈에 대해 빠르게 대응하고 있다. 아모레퍼시픽의 경우 모바일쇼핑 어플리케이션 운영을 통해 구매를 촉진하고 있으며, LG생활건강의 경우 온라인 소셜뷰티 플랫폼 뷰티앤서BEAUTY N'SER를 런칭하는 등 온라인 수요 확대를 위해 노력하고 있다.

채널의 진화 방향에 대해 생각해봅시다.
유통 채널이 온라인과 모바일로 본격적으로 옮겨가는 상황입니다. 만일 자신이 온라인 몰 운영과 모바일 커머스 분야에 경험이나 강점이 있다면 화장품에 대한 이해를 바탕으로 아모레퍼시픽에 어필할 전략을 모색해보기 바랍니다.

 **크라우드 소싱 등 새로운 성장 채널에 대해 생각해봅시다.**
소비자의 반응을 체크하고 이를 제품에 반영하는 일종의 크라우드 소싱 개념이 화장품 시장에도 본격적으로 도입되고 있는 모습입니다. 새로운 성장 채널로 인식되고 있는 만큼 이와 관련된 케이스 스터디나 전문가들의 시각을 잘 정리하고 학습해본다면 남과 차별화하는 데 유리할 수 있을 것입니다.

관련 자료 찾아보기 ⑧
칸타월드패널아시아 CEO,
〈아시아 화장품 시장 트렌드 및 유통 환경 변화〉

유통 환경의 변화라는 주제와 관련하여 칸타월드패널아시아Kantar Worldpanel Asia의 CEO, 마시 코우Marcy Kou가 발표한 〈아시아 화장품 시장 트렌드 및 유통 환경 변화〉라는 자료를 참고해보시기 바랍니다. 내용을 보면, 중국과 베트남의 유통 채널 변화 흐름, 유통 경로가 '관계-편리-경험'의 개념으로 진화하고 있다는 사실, 화장품 시장에서는 수직 확장과 수평 확장을 어떻게 시도하는지 등 언론이나 교과서에서는 보기 힘든 좋은 내용들이 많이 들어 있습니다. 이런 구체적인 지식과 정보를 활용해야 막연한 지원자라는 이미지에서 벗어날 수 있습니다.

  '화장품 구매 경험'을 키워드로 해서 검색해 보면 화장품 모바일 구매 경험에 대한 분석 자료, 할랄 화장품에 대한 일반 소비자의 선호도 증가 같은 자료를 얻을 수 있는데 이처럼 화장품 시장의 새로운 성장 영역과 관련된 내용과 흐름들을 잘 체크해보시기 바랍니다.

04

시장과 매출을 좌우하는 거시적 경제 요소

원부자재 변수로 인한 가격 변동

화장품산업의 밸류체인은 브랜드 업체부터 원료 업체까지 이어져 있다. 일반적으로 브랜드 업체의 화장품 가격이 100이라고 할 때, 원가율이 약 25% 정도로 그 안에는 ODM·OEM 생산 가격과 원료 등의 비용이 포함되어 있다. 따라서 원자재 가격의 움직임에 따라 화장품 업체의 매출과 이익이 변동될 수 있다.

아모레퍼시픽의 경우 원재료 및 부자재 비용이 전체 매출의 약 25% 정도 차지하고 있다. 동사의 약 90% 매출을 차지하고 있는 화장품 사업의 경우 원부자재 비용이 매출 대비 약 20%로, 그중 부재료(포장, packaging) 비중이 높고 원재료 비중이 그 다음을 차지하고 있다. 원재료 가격은 최근 하향 안정화되는 추세로 이는 엔화 약세 및 시장경쟁력 확보에 따른 단가인하, 가격경쟁력이 뛰어난 국산원료 사용의 증가 등에 기인한다. 한편 부재료 사용은 아모레퍼시픽의 자회사인 퍼시픽글라스를 통해 부분적으로 내부생산거래 하고 있다.

역사적으로 아모레퍼시픽의 매출 대비 원부자재비의 비율은 24~28% 사이에서 유지되어 왔다. 최근 원가 절감의 노력 및 국내 자체 개발 원료 비중 증가 등으로 원부자재 비율이 하향 안정화되고 있으며 이러한 추세는 지속될 것으로 보인다. 또한 원부자재 비용 부담 감소와 고가 제품 매출 비중 증가로 인해, 매출 총이익률도 점진적으로 증가할 것으로 보인다.

Fig 19

아모레퍼시픽 원재료 등의 현황

매입 유형	품목	구체적 용도	매입액 (억 원)	부문별 매출 대비 비율 (%)	비고
화장품					
원재료	PRIPURE3759(Phytosqualane), BUTYLENE GLYCOL, 자음단, ARBUTIN, DC 345 FLUID 등	스킨, 로션 등 각종 화장품 원료	1,507	4.4	CIBA, 에이씨티, 모아켐, 바이오랜드, 삼미켐 등
부재료	용기, 캡, 단상자 등	보조재	3,990	11.7	태신인팩, 퍼시픽글라스
상품	V=B, 롤리타렘피카 등	화장품	1,362	4.0	프랑스 현지법인 등
합계			6,859	20.1	
생활용품 및 녹차 사업 (MC&S)					
원재료	Dow Corning 5-7137 Emulsion, FRUITY FRESH SH-9200, N5023, Miami L-30, 송염치약캡슐, 녹차 등	샴푸, 비누, 치약, 녹차 등의 원료	1,065	23.0	미원상사, 로디아실리카, 삼미켐, 바이오랜드, 장원 등
부재료	용기, 캡, 여과지, 단상자 등	보조재	1,408	30.4	선일공업, 태신인팩 등
상품	칫솔, 다기 등	생활용품	169	3.7	
합계			2,641	57.1	
전체 합			9,501	24.5	

자료: 아모레퍼시픽

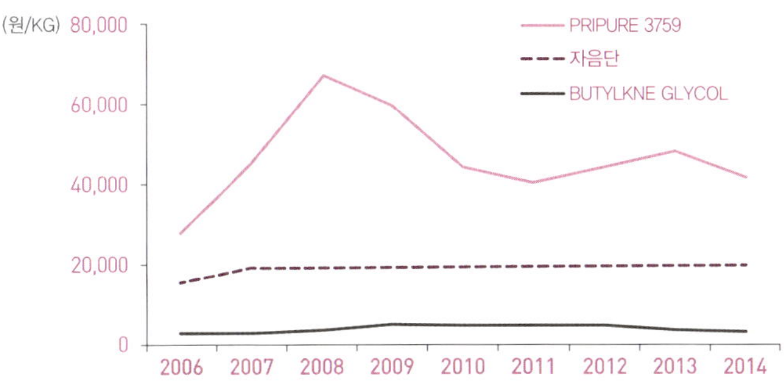

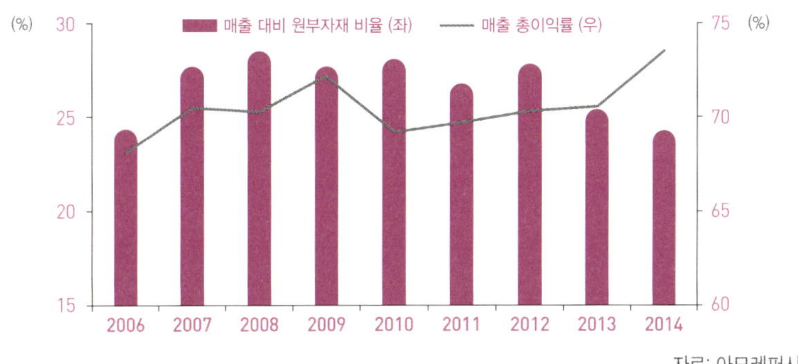

환율 변동 변수로 인한 매출 변동

한편 장기 저성장 기조를 보이고 있는 국내 경기 환경에서, 주요 화
장품업체들은 해외시장으로 진출하고 있다. 아모레퍼시픽의 경우 해

환율 관련 민감도 테스트 결과, 외화 환율 상승 시 아모레퍼시픽 당기순이익이 감소

매입 유형	자산	부채	10% 상승 시 당기순이익에 주는 영향	10% 하락 시 당기순이익에 주는 영향
		(억 원)		(%)
USD	677.0	1,622.4	-2.5	2.5
EUR	114.3	249.7	-0.4	0.4
JPY	-	41.0	-0.1	0.1
합 계	791.3	1,913.1		

자료: 아모레퍼시픽

외에서 발생하는 매출 비중이 2010년 13%에서 2014년 21%까지 크게 확대되었다. 아모레퍼시픽의 매출과 이익은 해외 매출이 증가할수록, 해외 국가들의 경기와 환율에 영향을 받을 수 있다. 또한 아모레퍼시픽의 경우 외화 자산 및 부채를 보유하고 있어 환율 변동에 노출되어 있다. 아래 표를 참조하면 아모레퍼시픽이 노출되어 있는 통화는 달러화, 유로화, 엔화 등이고, 미국달러의 경우 환율 10% 상승시 아모레퍼시픽의 연간 당기순이익 3%가 감소한다.

기타 변수에 따른 매출 영향

또한 금리 변동과 같은 거시 변수들의 움직임에 따라 아모레퍼시픽의 이익이 영향을 받을 수 있다. 아모레퍼시픽의 경우 변동금리부 차입금 대비 변동금리부 예금이 많아 이자율 상승시 순이자비용이 감소한다. 그리고 대부분 만기가 1년 이하인 고정 금리부 자산에 투자하고 있어, 이자율이 상승할 경우 해당 공정가치가 하락할 수 있다.

용기나 포장의 중요성에 대해 다양한 이해가 필요함을 인식해봅시다.

　원재료비보다 부자재 비용이 더 크다는 것은 그만큼 용기나 포장이 중요하다는 의미일 것입니다. 고급스러움을 유지하면서도 비용을 줄일 수 있는 방법론에 대해 회사의 관심과 고민도 클 것으로 짐작해볼 수 있습니다. 공예, 디자인, 생활소재, 미술 등의 전공 관련자 중에서 이런 부분에 자신의 장점을 발휘할 수 있다면 아모레퍼시픽에 대한 지원 동기를 명확하게 설정해볼 수 있을 것입니다. 특히 재무 분야 직무 지원자의 경우 아모레퍼시픽의 자산 및 부채 구조가 환율과 같은 해외 거시 변수에 점차 영향을 많이 받고 있음을 참고할 필요가 있습니다.

경영 이슈:
변화와 도전,
그리고 새로운 시작

국내 및 세계경제 저성장시대가 오래갈 것으로 전망되고 있습니다. 이른바 '뉴 노멀'이라는 새로운 경제환경이 등장한 거지요. 이런 상황은 기업들에 어려움을 안겨주기 십상입니다. 하지만 어려움을 기회로 삼을 때 새로운 성장가도를 달리기도 합니다. 아모레퍼시픽은 끊임없이 변하는 경제 환경에 어떻게 대처해 왔고, 어떠한 미래가치를 만들고자 하는지 알아봅시다.

01

뉴노멀 환경의
긍정적 효과

미국 금융위기와 유럽 재정위기 이후 저성장, 저소비, 저금리의 뉴노멀New Normal 경제 환경은 국내도 예외가 아니다. 국내 경기는 3년 연속 3%에 못 미치는 저성장이 장기화될 전망이고, 빠른 고령화사회 전개와 출산율 저하에 따라 생산 인구가 급격히 줄고 있는 상황이다. 글로벌시장 경쟁이 치열해지면서 국내 수출 기업들이 가격경쟁을 하고 있어 채산성 악화를 겪고 있으며 내수 기업들은 규제 강화, 내수 부진, 해외 직구 확대 등으로 인해 실적 악화에 시달리고 있는 상황이다.

반면 인터넷 및 모바일 쇼핑 보편화와 직구 및 역직구의 증가는 화장품 업체에는 긍정적으로 작용하고 있다. 화장품 브랜드 업체의 온라인 채널 매출은 두 자릿수 이상의 성장을 보이고 있으며, 아모레퍼시픽의 경우 디지털 채널(온라인 및 홈쇼핑) 매출 비중이 12%로 증가되어 이미 전통 채널인 백화점 매출을 추월했다. 또한 일차적으로 면세점에서 시작된 한국 화장품에 대한 외국인 수요는 점진적으로 역직구 등의 형태로 다양화되고 있는 상황이다. 특히 중국인 해외 직구 확대의 최대 수혜자는 브랜드 인지도가 높은 화장품 제조업체다.

역직구 시장의 최고 인기 품목

한국온라인쇼핑협회에 따르면 2014년 역직구 시장은 약 5,280억 원으로 집계되었다. 역직구에서 가장 주목되는 대상은 역시 중국인들이다. 국내 역직구를 이용하는 해외 소비자의 절반 가량이 중국인들로 파악되고 있으며, 1인 평균 객단가 또한 해외 소비자에 비해 약 3배 가량을 소비하기 때문이다. 특히 역직구 쇼핑몰에서 가장 인기있는 품목이 화장품이라는 것에 주목할 필요가 있다.

이런 트렌드에 맞춰 오픈마켓의 경우 G마켓, 인터파크, 11번가 등이, 대형 유통업체의 경우 롯데닷컴, Hmall, GS샵 등이 역직구 쇼핑몰을 운영하고 있다. 한편 LG생활건강이나 잇츠스킨처럼 따로 역직구 몰을 운영하지 않고 해외 사이트에 입점을 하는 경우도 있다. 아모레퍼시픽 또한 이니스프리, 에뛰드 등의 브랜드를 글로벌 온라인 쇼핑몰에 오픈하게 되면서 즉각적인 소비자의 모니터링을 통해 오프라인 전략을 보다 효율적으로 세울 수 있었다. 역직구몰의 증가는 화장품 브랜드 업체에 채널 확대 효과를 주게 되며 추가적인 실적 개선을 도모할 수 있게 된다. 또한 보다 빠른 신제품 판매가 이루어지게 하는 한 편 고정비 부담이 없어 수익성 개선에 긍정적 도움을 준다.

화장품 업계에서의 역직구 흐름을 이해해봅시다.

화장품 업계에도 역직구의 수혜가 돌아오고 있습니다. 회사 내부적으로 역직구에 대한 마케팅 전략 같은 것에 관심이 많으리라 예상할 수 있습니다. 중국의 알리바바가 한국에 대한 중국인들의 역직구 수요를 흡수하기 위해 한국에 진출하려는 모습도 이런 맥락에서 이해할 수 있습니다. 만일 아모레퍼시픽이라면 알리바바와 어떤 관계를 모색해야 할까요? 경쟁을 해야 할까요 아니면 상생을 모색해야 할까요? 숨가쁘게 돌아가는 시장의 모습과 환경 변화를 잘 탐색해서 대응 전략을 논리적으로 살펴보시기 바랍니다.

관련 자료 찾아보기 ⑩
검색 키워드, '화장품 역직구'

'화장품 역직구'라는 키워드로 최근 국내와 중국을 중심으로 이루어지고 있는 역직구 시장의 현황과 비전에 대한 정보들을 잘 정리해보시기 바랍니다.

티몰글로벌 LG생활건강 페이지

자료: 티몰웹사이트

02

소비자 불만 사례와 개선

과대포장 문제를 주도적으로 해결

국내 화장품을 사용한 후 소비자 단체에 최근 제기된 불만 사례 중 하나는 화장품의 과대 포장이다. 소비자들이 특히 한방 라인이나 고가 라인의 경우 제품의 용기가 고급스럽기를 원한다. 화장품의 경우 합리적 이성을 바탕으로 제품을 고르기보다는 주관적 감성에 의한 구매가 많기 때문에 용기가 중요해지면서 나타나는 현상이다. 지난해 '화장품용기 감량 시범사업 참여협약'에 참여한 아모레퍼시픽과 LG생활건강은 8개 화장품에 대해 용기 부피를 10% 이상 감량한다는 당초 목표를 초과 달성하였다. 또한 이 두 회사는 내용물의 용량도 최대 25%까지 증가시킨 화장품을 출시시켜 업종 내 선도 기업의 시범을 보였다. 이와 같이 아모레퍼시픽은 소비자 불만에 적극적인 해결 방법을 제시하며 기업 이미지를 향상시키는 데 일조하고 있다.

할인 경쟁을 줄이고 브랜드 강화

또한 저가 화장품 가격 정책에 대한 불만도 최근 제기되고 있는 문제다. 원브랜드숍 업체들이 본격적인 할인 행사에 돌입하면서 제값을 주고 화장품을 산 소비자들의 불만이 생겨나는 것이다.

많은 저가 화장품 업체들은 시장 선점을 위한 지나친 할인 경쟁을 하게 되어, 궁극적으로 이익마저 감소시키고 있는 상황이다. 이처럼 잦은 할인 행사는 소비자 불만을 야기시키고, 결과적으로는 브랜드 이미지를 훼손시킬 수 있다.

아모레퍼시픽의 에뛰드는 앞서 할인 행사를 줄이고, 그 비용을 제품 개발에 투자하여 중장기적으로 브랜드 가치를 상승시키려고 한다. 2014년 에뛰드의 매출은 전년대비 9% 하락하였고 영업이익률 또한 1.8%로 지난해 7.7% 대비 대폭 감소하였으나, 장기적으로는 브랜드 강화 전략을 펼치면서 고객 충성도를 향상시킬 수 있을 것으로 전망한다.

노후화된 브랜드의 리뉴얼

아모레퍼시픽의 경우 화장품에 대한 소비자 불만의 근원은 브랜드 노후화에 있다고 분석하고 있다. 예컨대 아모레퍼시픽의 장수 브랜드인 마몽드의 경우 몇년 전까지만 해도 소비자들에게 노후 브랜드 이미지가 강했다. 즉, 마몽드는 지난 1991년에 첫 출시 후 꾸준히 매출액을 올리며 대표 화장품 브랜드로 자리매김해 왔으며, 발매 2년차에는 '산소 같은 여자'를 슬로건으로 걸며 도전하고 성취하는 여성상을 표현해 히트 상품으로 자리매김했다. 그러나 새롭고 창의적인 브랜드의 홍수 속에서 마몽드의 브랜드 인지도가 노후화되어 매출 또한 감소하였던 것이다.

아모레퍼시픽은 브랜드의 리뉴얼에 돌입했다. 마몽드에 '꽃'이라는 이미지로 브랜드에 색을 입혀 신제품을 출시하고, 명동에 단독 플래그십 스토어를 오픈하는 등, 적극적인 구조 조정과 브랜드 리뉴얼을 통해 매출의 턴어라운드를 시도하였다. 중국에서도 비효율적인 오프라인 매장은 철수하였고, 현재는 매장 리뉴얼과 신제품 출시를 통해 사

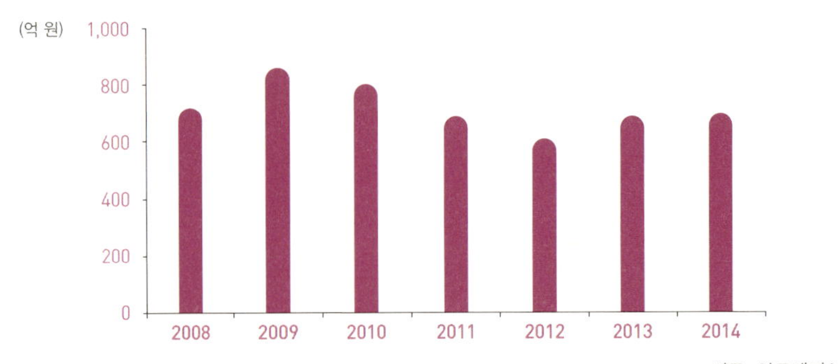

Fig 24

마몽드 브랜드 매출 추이 – 마몽드 브랜드 노후화로 매출 감소 겪은 후, 브랜드 리뉴얼 돌입

자료: 아모레퍼시픽

업을 재정비하고 있다. 아모레퍼시픽은 소비자의 인식 속에 어떻게 자리하고 있는지 파악하는 게 장기적인 성장 동력이라고 설명하고 있다.

저가 브랜드 전략 생각하기

저가 상품의 브랜드 전략에 대해 생각해봅시다.
아모레퍼시픽은 저가 화장품에 대해서는 가격 경쟁보다는 브랜드 가치 제고에 초점을 두는 모습입니다. 가격 경쟁은 단기적으로는 수익에 도움이 되지만 장기적으로는 성장의 기초를 허약하게 만들기 때문입니다. 저가 상품에 대해 가격보다는 브랜드 가치에 승부수를 던져서 성공한 여타 기업의 사례를 찾아볼 수 있다면 아모레퍼시픽에도 자신의 의견을 훌륭하게 전달할 수 있을 것입니다.

관련 자료 찾아보기 11
검색 키워드, '다양한 소비자 니즈'

소비자 니즈와 관련한 자료들을 검색해 보면 안전한 화학 성분, 화장 시간 스피드를 높일 수 있는 화장품, 메디컬 화장품, 화장품 사이즈의 대형화 등 다양한 소비자 니즈가 존재하고 있다는 사실을 알 수 있습니다. 이런 주제들을 적절히 활용해서 자신의 경험이나 장점과도 연결시킬 여지가 없는지 잘 탐색해보시기 바랍니다.

03

규제와 경쟁,
어려움을 기회로

완화되는 국내 화장품 규제

최근 국내외 화장품 관련 규제는 전반적으로 완화되는 분위기이다. 대한화장품협회는 2015년 화장품 안정성 규제를 강화하는 한편, 글로벌 시대에 부합하지 못하는 불합리한 제도를 개선하고 규제를 완화하는데 주력하겠다고 한다. 또한 해외 수출 확대를 위해 국내 화장품 제도가 선진국과 비슷한 수준으로 갈 수 있도록 개선해 나갈 방침이다. 이러한 계획은 국내 화장품의 안정성을 더욱 강화하고, 화장품 업체의 해외 수출 확대에 긍정적으로 작용할 것으로 보인다.

또한 최근 정부의 '시내 면세점 추가 출점' 결정은 국내 화장품업체에는 추가적인 성장의 기회를 제공할 것이다. 2015년 1분기 기준 아모레퍼시픽은 국내에서 110개의 면세점 카운터를 통해 제품을 판매하고 있다. 2014년 기준 면세점 매출은 이미 전체 매출의 18%를 차지할 만큼 중요한 유통 채널이다. 2015년 하반기 시내 면세점 입찰 이후, 아모레퍼시픽의 주요 브랜드(예: 설화수, 헤라, 라네즈 등)가 새로운 면세점에 입점을 통해서 2014년에 이어 2015년에도 높은 매출 성장률이 달성 가능할 것으로 보인다.

중국 시장의 규제 완화를 이끄는 한국 화장품

한편 중국에서 한국 화장품의 위상은 높아져 가고 있지만, 국내와 중국에서의 가격 차이는 기업들이 해결해 나가야 할 과제이다. 한국 화장품은 중국의 높은 관세와 소비세로 인해 중국 내 가격이 적어도 25~30% 이상 높게 형성되어 있다. 따라서 중국인 소비자들은 본토에서 구매하기보다는 해외 현지 구매, 해외 구매 대행 등을 선호하고 있다. 중국 내에서 구매 증가를 위해서는 한국 내 판매 제품과의 가격 축소가 필요한데, 이는 중국 정부의 소비세 폐지 방안과 한중FTA로 가능할 것으로 보인다.

중국 정부는 화장품을 고가·저가 가격대로 구분하여 일반 화장품에 대해 소비세 30%를 폐지하는 방안을 고려하고 있다. 그렇게 되면 소비세가 폐지되면서 한국의 중저가 라인의 화장품 가격이 낮아지며, 나라 간 가격 차이가 축소될 것이다. 이러한 중국 정부에 의한 우호적인 사업 환경은 아모레퍼시픽의 중국 매출 성장을 가속화시킬 것으로 예상된다.

과도한 출혈 경쟁에 따른 성장 둔화

화장품 업계에서 가격 경쟁은 브랜드숍 중심의 저가 화장품 시장에서 주로 나타나고 있으며, 시장 참여자들의 과다한 마케팅 및 프로모션으로 출혈 경쟁에 따른 성장 둔화 현상이 나타나고 있다. 브랜드숍 중심의 저가 화장품 시장은 가격경쟁력, 신속한 트렌드 대응력, 공격적인 마케팅 등으로 2012년까지 시장 성장률 대비 높은 성장을 보였다. 그러나 OEM·ODM을 통한 아웃소싱 기반인 브랜드숍은 진입 장벽이 낮아 후발 주자들의 진출이 지속되며 가격경쟁이 심화되었다.

아모레퍼시픽의 경우 지주회사인 아모레G(아모레퍼시픽 그룹의 상장 회사명)의 사업회사인 이니스프리와 에뛰드를 통해 원브랜드숍 사업을 하고 있다. 이니스프리의 경우 효과적인 마케팅과 우수한 제품력으로

상위 7개 브랜드숍 업체 매출 성장률 둔화

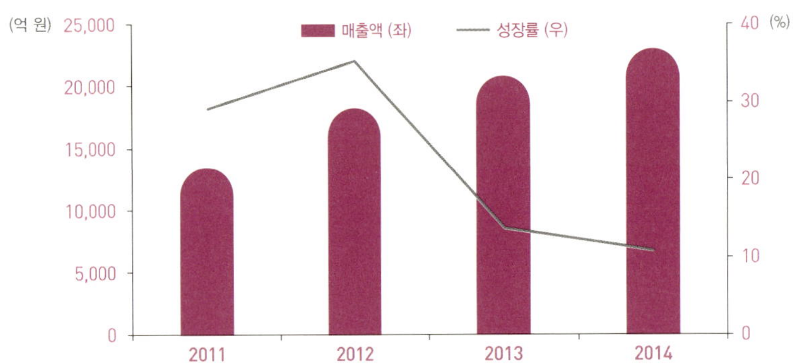

*상위 7개 브랜드: 더페이스샵, 이니스프리, 에이블씨엔씨, 에뛰드, 네이처리퍼블릭, 토니모리, 스킨푸드

자료: 각 사

고유 브랜드 이미지 구축에 성공했고, 트렌드에 부합하는 신제품 출시로 높은 매출 성장과 이익률 개선을 보였다.

그러나 색조 화장 중심 브랜드인 에뛰드의 경우, 모호한 브랜드 콘셉트 및 히트 상품 부재와 주요 타깃인 10대 충성 고객의 이탈로 인해 인지도가 떨어지고 있었다. 아모레퍼시픽은 에뛰드 브랜드의 콘셉트를 2014년도 이전의 'Forever Sweet'에서 'Princess Fantasy'로 바꾸고 10대의 공감대를 불러일으키는 트렌디한 광고를 실시하는 등 브랜드 리뉴얼 작업을 거쳤다. 이처럼 아모레퍼시픽은 과다한 할인 경쟁보다는 브랜드 인지도를 높이기 위한 장기적인 투자 전략을 꾀하고 있다.

장기적인 성장 측면에서 아모레퍼시픽은 자체 생산 시설과 R&D를 통해 브랜드 경쟁력을 보호하고 있다. 아모레퍼시픽의 R&D는 일반적으로 매출의 2.5~2.6%를 사용하고 있으며 이러한 트렌드는 지속될 것

인지도 하락으로 에뛰드 매출 및 영업이익률 하락

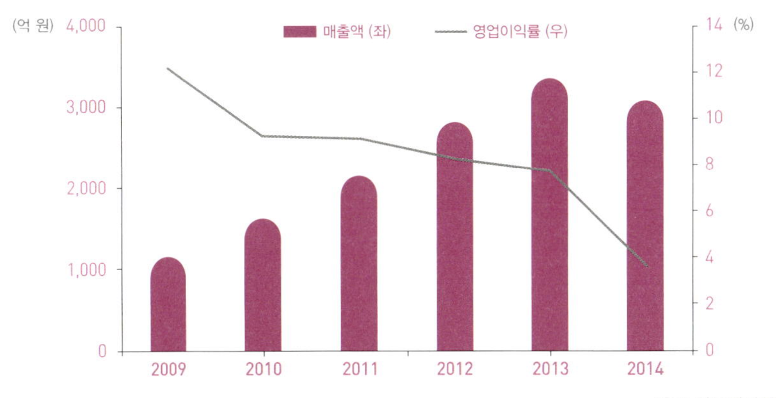

자료: 아모레퍼시픽

으로 예상된다.

신규 면세점 영업 전략 공부하기

신규 면세점 진출에 따른 영업 전략 등에 대해서 공부해봅시다.

서울 시내 면세점 2곳이 2015년 새롭게 선정됨에 따라 아모레퍼시픽으로서는 매출 확대의 좋은 기회를 얻게 되었습니다. 최근 이슈에 대한 점검 차원에서 면접에서 면세점에 대한 간단한 이해도를 체크해 볼 수 있는 만큼 관련 내용이나 자료를 챙겨둘 필요가 있습니다. 인테넷 면세점, 시내 면세점, 공항 면세점 등 각 형태별 특징과 장단점 정도는 알고 있어야 하겠고요. 외국인 고객의 경우 면세점 선택이 주로 여행사나 가이드 추천에 의해 주로 결정된다는 측면에서 여행사와의 B2B 영업에 대한 아이디어 같은 것도 생각해보시기 바랍니다.

10대 고객 응대 경험 마케팅에 활용하기

10대 고객을 대상으로 일해 본 경험을 아모레퍼시픽의 마케팅 전략에 활용할 여지를 생각해봅시다.

가격 경쟁은 기업으로서는 가장 피하고 싶은 상황이지만 진입장벽이 낮을 경우 불가피한 측면이 있습니다. 국내 1위 아모레퍼시픽의 경우에도 되도록이면 질적인 측면에서 승부하기 위해 다양한 전략을 구사하고 있음을 알 수 있습니다. 특히 10대 고객층에 더 가까이 다가가기 위해 많은 노력을 하고 있는데요. 개인적으로 10대 고객을 상대해 본 아르바이트 혹은 인턴

경험 등이 있으면 아모레퍼시픽의 전략에 시사점을 줄 부분은 없는지 생각
해보시기 바랍니다.

관련 자료 찾아보기 ⑫
정부 발표 자료,
〈K-Cosmetic 활성화를 위한 화장품산업 규제 개선 방안〉

우리나라의 경우 화장품산업을 전략 산업으로 육성하기 위해 규제 개선
의 의지가 높은 상황입니다. 2014년 정부에서 〈K-Cosmetic 활성화를 위한
화장품산업 규제 개선 방안〉이라는 자료를 발표하였는데, 규제에 대해 정부
가 어떻게 접근하고 있는지를 명료하게 이해할 수 있는 자료입니다.

관련 자료 찾아보기 ⑬
검색 키워드, '가격 전략'

가격 전략은 화장품 업계뿐만 아니라 대다수 기업들의 경영 현안 중 하
나입니다. 면접에서 가격 전략과 관련한 질문이 충분히 예상되므로 '가격
전략'이라는 키워드를 갖고 화장품 업계에 시사점을 줄 수 있는 좋은 사
례를 찾아보시기 바랍니다. 인터넷에 가격 전략의 기본 골격에 대한 내용
이 많이 나와 있으며, 다양한 판매 가격 전략들을 아모레퍼시픽의 제품군
에 어떻게 적용시켜 볼 수 있는지의 관점에서 정리해 보면 될 것입니다.

전문가의 이슈 진단과
경영 과제

최근 언론 및 온라인 매체에서 제기되는 가장 큰 이슈 중 하나는 화장품 역할의 확대에 있다. 고령화사회로 접어들면서 소비자들이 건강을 지향하게 되면서 화장품의 역할이 아름다운 피부 표현이라는 목적을 넘어 피부를 치료하는 코스메슈티컬Cosmeceutical, 건강한 아름다움의 니즈를 채워주는 이너뷰티Inner Beauty 등으로 확산되고 있다.

코스메슈티컬 시장의 빠른 성장

코스메슈티컬은 화장품Cosmetic과 의약품Pharmaceutical의 합성어로 단순한 기능성 화장품에 의약품의 전문치료기능을 합친 제품을 말한다. 기존의 기능성 화장품이 미백, 주름 개선 같은 미용 목적이었다면, 코스메슈티컬 제품은 피부를 치료하는 의학적 성격을 가지고 있기 때문에 가격 대비 고기능성 제품을 원하는 소비자들의 니즈에 적합하다.

글로벌 코스메슈티컬 시장은 약 40조 원 정도로 추정되고 있으며, 전 세계 화장품 시장에 약 13%의 비중을 차지하고 있다. 국내 코스메슈티컬 시장 규모는 약 5,000억 원 수준으로 그 비중이 한국 화장품시장 내 약 3~4% 수준으로 아직은 미미하다 할 수 있다. 그러나 국내 코스메슈티컬 시장이 연평균 약 15%씩 성장하여 다른 카테고리보다 높은 성장률을 보이고 있을 뿐만 아니라 국내 시장이 아직 선진국 대비 활성화된 성장기가 아닌 도입기라는 것을 고려할 때 잠재 성장성은 충분한 것으로 보인다.

코스메슈티컬 제품 브랜드, '에스트라'

자료: 아모레퍼시픽

국내 주요 화장품 업체들은 빠르게 성장하는 코스메슈티컬 시장에 진입하고 있다. 화장품은 화장품법령에 따라 의약품과 구분돼 질병 치료제를 사용하거나 표시할 수 없어 그동안 화장품 회사들이 제품을 연구·개발하는 데 한계가 있었다. 아모레퍼시픽은 자회사인 태평양제약의 사명을 에스트라로 변경하고 코스메슈티컬 사업을 추진하고 있다. 안티에이징, 비만, 여드름, 아토피 등을 해결해 주는 메디컬 제품을 병·의원 채널 중심으로 판매하고 있으며, 대표 브랜드로는 메디컬뷰티전문화장품 '에스트라', 고밀도 HA필러 '클레비엘', 시술용 의료기기 '이노젝터' 등이 있다.

또한 건강보조식품 분야에서도 이너뷰티 제품이라는 명목으로 판매가 확대되는 중이다. 이너뷰티 제품은 바르는 화장품이 아닌 음용을 통해 여러가지 성분을 피부 속으로 흡수시켜 피부 체질 자체를 건강하게 바뀌도록 해주는 제품이다. 국내 이너뷰티 시장은 약 4,000억 원 수준으로 추정되고 있는데, 이는 국내 건강보조식품 시장의 약 20% 수준이다. 국내 여성들이 건강한 피부, 특히 동안童顔이라는 미를 추구한다는 점을 고려할 때 앞으로 이너뷰티 시장의 잠재 성장성은 높을 것으로 보인다.

아모레퍼시픽의 경우 기존의 뷰티푸드 브랜드 오가든을 이너뷰티에 특화된 뷰티푸드 브랜드 'VB^{Vital Beauty} 솔루션'으로 바꾸고 브랜드 라인업을 강화하였다. 녹차나 인삼열매 등 아시아인이 선호하고 신뢰하는 원료를 사용하여 고객의 신뢰도를 높였다. 또한 백화점, 방판 등에서 판매되는 'VB프로그램'은 아모레퍼시픽의 고가 이너뷰티 브랜드로 슬리밍 제품이나 먹는 콜라겐 같은 피부 관련 제품 등을 판매하고 있다.

자료: 아모레퍼시픽

자연, 사람, 기업이 공존하는 지속가능경영

아모레퍼시픽은 지속가능경영을 통해 자연과 사람, 기업이 조화롭게 공존하는 전략을 펼치고 있으며, 이를 위해 다양한 활동을 펼치고 있다. 세계 화장품시장의 동물실험 반대 움직임에 따라 관련법까지 만들어지고 있는 상황인 만큼, 아모레퍼시픽은 2013년 3월 '화장품에 대한 불필요한 동물실험 금지'를 선언했다. 이미 2008년부터 화장품 원료 및 완제품에 대한 자체적인 동물실험 금지를 시행하였고, 협력업체에 대해서도 신규 및 추가 동물실험을 금지하고 있다.

이를 위해 아모레퍼시픽은 자체 생산 및 협력업체 생산 제품에 대해서 동물실험 이력이 있는 원료 사용을 배제하기 위한 검증 시스템을 운영하고, 동물실험 원칙 준수에 따른 내부 규정을 수립했다. 2013년에는 자체적으로 개발한 동물실험 대체법 중 하나인 '피부 자극 시험법'의 검증 연구를 진행하였으며, 2014년에 국제적으로 공인되는 'OECD 동물대체시험법 가이드라인'에 등재하기 위해 추가 검증 연구를 시행하였다.

현재 전세계적으로 화장품에 대한 동물실험이 점차 축소, 금지되고 있는 만큼, 우리나라에서도 2015년 초 농림축산식품부의 '화장품 동물실험 금지' 입법 추진 발표를 통해 화장품의 완제품 및 원료에 대한 단계적 제한 5개년 종합 계획 수립이 공표되었다. 국내 1위 업체인 만큼 아모레퍼시픽은 동물실험 대체시험법 개발 및 검증 연구 등을 통해 업계 내 리더십을 발휘하고 있다.

멘토의 Tip ㉑   지속가능경영의 실천 사례 살펴보기

국내외 기업들의 지속가능경영 실천 사례를 찾아봅시다.

동물실험 금지를 적극적으로 실천하려는 아모레퍼시픽의 의지를 엿볼 수 있는데요, 이런 지속가능경영을 잘 실천하는 여타 국내외 기업들의 사례를 잘 살펴보고 이 기업들로부터 추가적으로 더 얻어낼 수 있는 교훈은 없는지 살펴보시기 바랍니다.

코스메슈티컬과 이너뷰티 시장의 미래 가치를 탐색해봅시다.

국내에서는 아직 도입 단계이지만 코스메슈티컬과 이너뷰티 시장의 미래는 상당히 기대되는 모습입니다. 유럽이나 미국 시장에서는 동향이 어떤지, 그리고 일정 수준의 전문 지식을 갖춘 상담사를 영업에 활용하는 전략은 어떨지 등에 대해 탐색해보시기 바랍니다.

관련 자료 찾아보기 ⑭
검색 키워드, '넷샵Netshop' 

지속가능경영의 대표적인 사례로 '넷샵Netshop'이라는 단어가 있습니다. 오프라인에서 구경하고 온라인에서 구매하는 '쇼루밍족'으로 인해 타격을 받고 있는 오프라인 매장이 '체험'의 특성을 살려서 변신을 꾀하고 있는 경우입니다. 2015년 3월 23일자 데일리코스메틱(www.dailycosmetic.com)은 모디페이스ModiFace가 가상 메이크업 거울을 개발하여 캐나다에서 론칭하였다는 소식을 전하고 있습니다. 내용을 살펴보면 가상 거울의 등장이 아모레퍼시픽에는 기회가 될 수 있지만 위협 요인도 될 수 있다는 판단이 듭니다. 새로운 매출 채널로도 인식할 수 있지만 플랫폼 기업 애플이나 구글의 등장이 기존 통신사를 위협하듯이 시장의 주도권을 약화시킬 수도 있기 때문입니다. 이런 새로운 플랫폼 기업의 등장이 아모레퍼시픽에 어떤 시사점을 주는지 생각을 정리해보시기 바랍니다.

코스메슈티컬을 인터넷에서 검색해 보면 홍콩에서 이미 바람이 분 지 오래고 국내에서도 LG생활건강이 차앤박화장품을 인수하는 등 움직임이 빨라지고 있다는 사실을 확인할 수 있습니다. 이 분야와 관련해서 증권가에서는 아모레퍼시픽과 LG생활건강 외에 코스닥 기업인 메디톡스를 이 분야의 전문기업으로 보고 있습니다. 빠른 속도로 성장하는 분야인만큼 이 영역은 기존 화장품 시장과 어떤 차별화 전략이 필요한지 등에 대해서도 간단한 키워드 중심으로 탐색해 보시기 바랍니다.

AMOREPACIFIC

경영 요소: 아시아 미美의 정수

기업은 다양한 조직으로 구성되어 있습니다. 기업마다 조금씩 조직 구성에 차이가 있는데, 이를 잘 파악하면 아모레퍼시픽이라는 기업의 특징을 이해하는 데 도움이 됩니다. 또 주력 상품과 핵심 브랜드에 대한 이해, 마케팅 전략과 경영 노하우, 재무지표를 통해 아모레퍼시픽의 경영 현황에 대해 실질적인 점검을 해봅시다.

01

다섯 가지
주요 직무의 이해

아모레퍼시픽의 직무는 크게 마케팅, R&D, SCM(Supply Chain Management), 영업, 그리고 지원으로 나뉘어진다. 구체적인 내용은 다음과 같다.

마케팅 브랜드 마케팅에서는 브랜드 전략수립, 신제품 개발, 해외수출관리 및 지원과 관련된 업무를 수행한다. 마케팅 전략·지원에서는 커뮤니케이션 전략수립 및 운영과 고객 관련 전략수립을 지원한다. 디자인에서는 브랜드별 디자인 전략 로드맵수립 및 전반적인 디자인 개발지원업무를 수행하며, 주로 제품, 인테리어, VMD(Visual Merchandising), 그래픽디자인 등의 관련 업무를 담당한다.

R&D 연구 전략·지원에서는 R&D 전략 및 리서치 업무와 제품 인·허가, 규제 관련 사항 모니터링 및 관리업무 등 연구지원업무를 수행한다. 연구직에서는 제품 연구 및 개발활동수행업무를 담당한다.

SCM 공급망 관리 전략·지원에서는 전략 기획 및 효율화 점검과 제품생산과정 관리·지원 등 조직의 전반적인 전략, 지원 업무를 수행한다. 생산에서는 제조 기술 혁신 및 공정 개선, 신제품 공정 표준화, 생산 계획 및 원가 분석 등의 생산 분야 업무를 수행한다. 개발·구매에서는 양질의 품질을 보장하는 원재료 구매 및 원가, 납품 관리와 매입 상품 적기 조달 및 가격 사정을 위한 포장재 구매, 협력사 선정, 발주 계약 등의 업무를 수행한다. 물류에서는 영업 및 고객 요청 사항에 발 빠른 대응을 위한 물류센터 운영 및 혁신 활동 관리를 수행한다. 품질 관리직에서는 제품의 품질을 관리하고 품질 향상 활동을 지원한다.

영업 영업 전략에서는 브랜드별 영업 전략 수립과 상품 운영 및 프로모션 기획과 관리업무를 기본으로 제품이 효과적으로 시장에서 판매될 수 있는 영업전략을 업무로 수행한다. 영업관리에서는 브랜드별 매장 실적관리와 상품 및 판매사원, 카운슬러 관리업무를 수행한다. 영업직에서는 브랜드의 가치를 알리며, 전문 카운슬링과 서비스를 통해 상품을 판매한다. 영업지원에서는 영업업무수행을 지원한다.

지원 일반 지원에서는 직원복지제도의 기획 및 운영을 통하여 직원 만족도를 높이는 업무를 수행한다. 경영지원에서는 경영분석 및 전략 수립업무와 재경, 인사, 홍보, 법무, 정보 기술 등 사업지원과 연관된 기획, 운영, 전략업무를 수행한다.

아모레퍼시픽 직무 구조

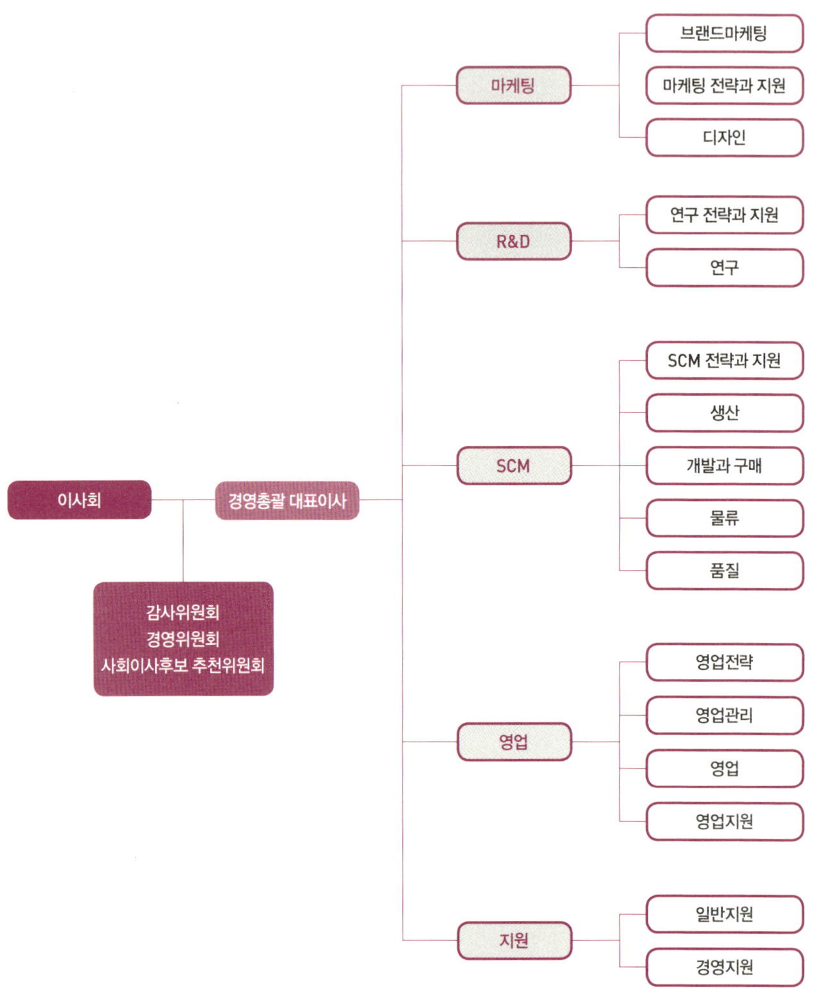

자료: 아모레퍼시픽

02

핵심 브랜드와
감성 마케팅의 성공

아모레퍼시픽은 화장품, 생활용품 및 녹차사업을 영위하고 있으며, 그중 화장품 부문은 연간 매출 약 90%를 차지하는 주요 사업이다.

2020년까지 글로벌리딩뷰티기업으로 성장하고 화장품 사업을 국내뿐만 아니라 신흥국으로 확대하여 해외가 전체 매출에 50% 이상을 차지하는 형태의 중장기 비전을 제시하고 있다.

주력 상품은 아이오페의 에어쿠션, 설화수의 윤조에센스 등을 포함하고 있으며, 이들 제품의 꾸준한 인기로 아이오페와 설화수의 매출은 지속적으로 성장하고 있다.

주력 상품 1. 아이오페의 에어쿠션

아이오페의 경우 주름케어에 탁월한 효능을 가진 레티놀 제품과 메이크업 제품인 에어쿠션을 처음 출시한 브랜드로 소비자들에게 잘 알려져 있다. 에어쿠션은 화장의 문화를 바꾸어 놓은 혁신 아이템으로 평가되고 있는 만큼 2014년 기준 2,000억 원의 매출을 기록하는 등 여성의 필수 아이템이 되고 있다. 제품력과 편리성을 동시에 갖춘 에어쿠션의 소비자가 많아지고 있는 만큼 소비자들의 기대가 커지면서 제품은 점점 더 세분화될 것으로 예상된다.

주력 상품 2. 설화수의 윤조에센스

설화수의 경우는 한방 원료를 베이스로 한 제품을 출시하고 있는데 그중 윤조에센스는 누적판매금액이 1조 원이 넘을 정도로 스테디셀러 제품으로 평가되고 있다. 윤조에센스의 경우 안티에이징 기능성 제품으로 분류되며, 고유 원료인 자음단(작약, 지황, 연, 옥죽, 백합)을 사용하여 원료의 신뢰도를 높이고 한국의 미를 살린 디자인으로서 국내 소비자뿐만 아니라 중국 소비자들에게도 인기가 높다. 아모레퍼시픽이 인삼과 피부 관련 수백 건의 국내외 특허를 보유하고 있고, 한방화장품연구팀을 따로 운영하는 등 제품 연구에 힘을 쏟고 있어 한방화장품 업계에서 독보적인 위치를 차지할 것으로 보인다.

아모레퍼시픽의 주력 제품 – 아이오페의 에어쿠션 및 설화수의 윤조에센스

판매수량 1,000만 개 누적판매액 1조 원

자료: 아모레퍼시픽

주요 5대 챔피언 브랜드 해외진출전략

아모레퍼시픽은 해외 사업에서 설화수, 라네즈, 마몽드, 에뛰드, 이니스프리를 글로벌 5대 챔피언 브랜드로 키우려고 한다. 핵심성장시장인 중국과 아세안ASEAN에서 브랜드력 강화와 유통 포트폴리오 확장을 기반으로 매출 고성장을 이어가고 있다. 특히 중국에서는 글로벌 브랜드를 확산시키는 데 역량을 집중하고 있다.

설화수는 럭셔리 브랜드의 인지도를 제고하며 주력 매장의 매출을 확대하고 있다. 라네즈는 영 프리미엄 브랜드로 입지가 강화되고 히트상품 판매가 확대되며 기존 매장의 성장과 더불어 온라인 유통 확산을 기반으로 높은 매출 성장을 기록하는 중이다. 이니스프리는 'Natural Benefit from Jeju' 콘셉트를 추구하며 매장 출점 및 기존 점포

브랜드 글로벌 진출 연혁

	'02	'03	'04	'05	'06	'07	'08	'09	'10	'11	'12	'13	'14
라네즈	홍콩	중국	미국 싱가포르 캐나다 뉴질랜드	베트남	대만	태국	브루나이	필리핀		일본	인도네시아		
마몽드	중국												
설화수	홍콩							미국	중국	대만 싱가포르 태국	말레이시아 베트남 인도네시아		
이니스프리										중국	홍콩 인도 싱가포르	대만 말레이시아	
에뛰드					태국	인도네시아 말레이시아	베트남	미얀마 대만 필리핀	일본 브루나이	싱가포르 홍콩	중국		

자료: 아모레퍼시픽

매출 신장을 통해서 중국에서의 비중을 확대 중이다. 마몽드는 유통 채널 정비와 브랜드 리뉴얼을 통해 질적성장 기반을 다지고 있다. 메이크업 카테고리인 에뛰드는 마케팅을 통해 브랜드를 구축하고 있다.

멘토의 Tip 23 화장품 경쟁력을 소비자 가치와 연결하기

화장품의 경쟁력을 소비자 가치와 연결시켜 생각해봅시다.

아모레퍼시픽의 최근 화장품 경쟁력은 편리성을 획기적으로 높인 에어쿠션과 한방 재료로 기능성과 신뢰도 둘 모두를 잡은 설화수로 정리해볼 수 있습니다. 화장품이라는 상품에 이런 혁신의 가치를 반영시켜 고유한 포지셔닝을 구현한 것입니다. 소비자 가치(예: 편리성, 만족감, 사회운동 참여성 등)를 높이는 데 관심이 있거나 재능이 있는 경우, 혹은 원예 관련 분야를 전공하면서 화장품에 쓰이는 한방 재료나 특수작물에 대한 관심이 높은 경우라면 아모레퍼시픽이 관심을 가질 만한 인재이므로 참고해야겠습니다.

멘토의 Tip ㉔ 글로벌 5대 챔피언 활용 방법 생각하기

경영 비전의 하나인 '글로벌 5대 챔피언'을 키워드로 잡고 활용 방법에 대해 생각해봅시다.

아모레퍼시픽은 설화수, 라네즈, 마몽드, 에뛰드, 이니스프리를 글로벌 5대 챔피언 브랜드로 키우려고 하는데요. 아시아뷰티 크리에이터라는 기존의 비전에 대해 많은 생각과 공부를 해보듯이 이와 같은 맥락으로 '5대 챔피언'에 대해서도 그 구체적 내용 및 방법론, 그리고 각각의 전략에 대해 생각해보시기 바랍니다. 5대 챔피언이라는 표현 자체의 신선함과 구체적인 방법론이 도출될 수 있기 때문에 의미있는 작업이 될 수 있습니다.

스토리텔링 마케팅: 이니스프리

아모레퍼시픽은 본격적인 글로벌 회사로 도약하기 위해 지속적인 브랜드력 강화와 효율적인 마케팅에 전략의 중점을 두고 있다. 아모레퍼시픽의 마케팅은 고객의 니즈를 고려하고 그들에게 맞는 제품을 제공하기 위하여 뷰티트렌드를 연구하는 것에서 시작한다. 또 고객을 연령, 성별, 소득수준 같은 인구통계학적 기준으로 세분화하여 그에 맞는 제품을 개발하고 있다. 한방화장품의 경우, 설화수는 40~50대 중장년층 고객을, 한율은 20~30대 젊은 고객층을 타깃으로 개발하였다.

아모레퍼시픽의 마케팅 중심 전략은 브랜드를 정착시키는 것이다. 브랜드에 스토리텔링을 결합시켜 브랜드 이미지를 만들고, 브랜드 가치를 소비자에게 어필하고, 나아가 기업의 가치를 감성적으로 전달한다. 근본적으로 커뮤니케이션을 통해 소비자들이 브랜드 인식Brand Recognition과 브랜드 회상Brand Recall을 할 수 있게 만들어 주자는 것이다.

실제 예시 - 이니스프리

스토리텔링 마케팅 사례는 아모레퍼시픽의 '이니스프리' 브랜드 사례에서 잘 나타난다. 이니스프리는 청정 섬인 제주도가 지닌 청정 자연의 이미지를 담아 아름다움을 선사하고, 건강함을 지키기 위해 친환경 라이프를 실천하는 2000년에 탄생한 자연주의 브랜드이다. 제주 유기농 녹차를 이니스프리 그린티 라인에 주요 성분으로 사용하면서 자연의 순수함을 콘셉트로 전달하고 있다. 그리고 제주도 내의 녹차밭 서광다원에 제주그린뷰티연구소를 설립하여, 제주의 식물 자원과 원료의 피부 효능을 연구하면서 소비자의 신뢰를 높이고 있다. 높은 품질과 성공적인 마케팅 전략으로 이니스프리의 매출 및 이익은 높은 성장을 보였다.

이러한 브랜드 전략은 해외에서도 적용되었다. 특히 건강과 안전에 대한 니즈가 높은 중국에서, 이니스프리가 가진 청정 제품과 진정성 있는 자연주의 철학이 중국인들의 높은 관심을 얻을 수 있었다. 특히 매장에서 스토리텔링을 활용하여 소비자들에게 구매 경험을 느끼게 해주었던 점과 좋은 품질의 제품을 합리적인 가격에 구매할 수 있다는 점도 중국인 소비자들에게 긍정적인 반응을 얻는 데 한몫하였다. 또한 중국 내 온라인 시장이 커져가고 있다는 점을 감안하여 이니스프리 온라인몰을 오픈하면서 젊은 소비자층을 공략하였다.

멘토의 *Tip* ㉕ 아모레퍼시픽의 섬세함에 자신의 재능 접목시키기

아모레퍼시픽의 마케팅 전략이 매우 구체적이고 섬세하다는 측면에서 자신의 경험도 이 맥락에 맞추어 매칭해봅시다.

아모레퍼시픽의 마케팅 전략은 철저한 시장과 소비자 분석에서 출발하고 있다는 점을 잘 알 수 있습니다. 중장년층과 20~30대 고객층에 대한 고객 세그멘테이션segmentation에 성공하고 있다는 점, 중국 소비자들이 질 좋은 재료와 가격에 대한 민감도가 높다는 점을 적극적으로 반영하고 있는 점 등 세심한 전략 속에서 경영이 이루어지고 있는 모습입니다. 이런 기업문화에 자신의 재능이나 전공 혹은 스터디 분야가 접목될 수 있는 부분은 없는지 잘 살펴보시기 바랍니다.

효율적인 고객 서비스 전략

아모레퍼시픽은 CGAP(Customer Gift for AMOREPACIFIC)를 통해 고객의 불편·불만 정보를 신속하게 수집하여 조치·개선하고 있다. 고객이 제기한 불만을 통해 기업은 문제점을 가장 잘 파악할 수 있기 때문에, 아모레퍼시픽은 각종 불만을 사전에 파악하고, 유사한 불만이 재발되는 것을 근본적으로 차단하기 위한 사전 예방 시스템을 운영하고 있다. 제품개발담당 직원은 신제품 개발 전에 사전예방시스템을 통해 비슷한 유형의 제품에 대한 불만을 미리 파악함으로써 제품개발단계부터 불만 요인을 제거한다.

아모레퍼시픽은 상담 서비스를 강화하여 고객 문의에 효과적으로 대응하고 있다. 상담 만족도를 정기적으로 평가하여 교육하고, 자주 문의하는 내용은 포털 사이트를 통해 정확한 답변을 제공한다. 또한 고

고객 주요 성과

주요 성과		2011	2012	2013	2014
지속가능 제품수		139	311	340	460
특허 실적	국내-출원	266건	228건	230건	286건
	국내-등록	177건	115건	112건	120건
	해외-출원	200건	209건	210건	262건
	해외-등록	322건	51건	57건	80건
논문실적		57건	48건	47건	64건
R&D 투자	연구개발비용	73,396백만 원	71,483백만 원	83,137백만 원	97,108백만 원
	매출액 대비 비중	3.03%	2.51%	2.68%	2.51%
소비자 불만 해결원		99.10%	99.20%	98.40%	98.10%
상담서비스 만족도 평가 점수		95.9점	93.0점	92.8점	93.6점

자료: 아모레퍼시픽

상담 서비스 강화를 위한 노력

고객응대서비스 만족도 평가

- 한국능률협회 (KMAC)를 통해 고객 상담원들의 '고객응대서비스' 만족도를 평가함
- 2012년에는 기존에 시행하던 시나리오 평가의 단점을 보완하기 위해 실제 고객과의 상담 내용이 포함된 녹취록에 대한 평가를 새롭게 추가

QAA (Quality Assurance Analyst) 제도

- 상담원과 고객과의 응대수준을 높이고 통화 품질을 관리하는 제도
- 평가점수가 낮은 상담원 대상으로는 1:1 개별 코치 진행

네이버 지식 파트너 상담

- 포털 사이트 Naver와 업무 협약을 맺어 '지식in'에 올라오는 질문에 대해 정확한 답변을 제공
- 제품의 올바른 사용법 등을 포함해 2012년 한 해 297건의 답변을 제공

자료: 아모레퍼시픽

객과의 지속적인 관계를 유지하기 위해 평생고객 캠페인을 통해 구매 경험에 따른 최적화된 상품과 혜택을 제안하고 있다. 2013년에는 기존 온라인 커뮤니케이션 매체 외에도 페이스북, 카드사 등 제휴사를 통해 소통 채널을 확대하였다.

아모레퍼시픽은 고객의 체험 기회를 확대하기 위해 뷰티포인트 마케팅을 시행하고 있다. 뷰티포인트 적립의 편의성을 높이기 위해 타사 마일리지 제휴, 뷰티포인트 제휴 멤버십 카드 론칭을 진행하고 제휴사 고객을 대상으로 제품 체험 기회를 제공하고 있다.

뷰티포인트 마케팅에 대해 알아봅시다.

만일 대고객서비스 분야와 관련된 직무에 관심이 있는 경우라면 뷰티포인트 마케팅에 대해 보다 자세히 분석해 보고, 이와 함께 여타 경쟁 사로부터 참고할 만한 요소는 없는지 체크해 보면서 지원 전략을 세워보시기 바랍니다.

타 업종에서의 고객평가단 운영 사례에서 교훈을 찾아봅시다.

아모레퍼시픽이 시행하고 있는 CGAP 시스템을 직접 경험해 보고 장단점은 물론 개선점 등을 살펴보기 바랍니다. 고객평가단을 적극적으로 운영하고 있는 자동차나 타이어 제조업체의 경우에서 참고할 부분은 없는지 생각해볼 수 있고, 10만 명의 고객체험단을 모집한 유니클로의 사례 같은 것도 운영방식이나 효과 측면에서 배울 점을 챙겨볼 수 있을 것입니다.

이니스프리 소개

자료: 아모레퍼시픽

이니스프리 중국 온라인몰 – www.innisfree.cn

자료: 아모레퍼시픽

03

정상을 유지하는
경영 노하우

아모레퍼시픽은 국내 1위 화장품 업체로서 화장품산업이 세계적으로 경쟁력을 갖추고 산업 역량 강화를 위해서 하드웨어와 소프트웨어 두 분야를 모두 염두에 둔 전략을 펼치고 있다.

최적화된 생산능력과 설비 효율

하드웨어 측면인 인프라를 고려할 때, 아모레퍼시픽은 선두 기업답게 높은 생산능력과 최적화된 설비 효율을 지니고 있다. 아모레퍼시픽은 지난 2012년 경기도 수원, 김천 등 곳곳에 흩어진 공장을 경기도 오산으로 통합하였다. 이 새 공장은 정보기술과 무인운전시스템과 같은 첨단설비가 갖추어져 있다. 또한 정확한 수요 예측으로 공장생산

능력을 최적화해 설비 효율성을 증가시키고 있다.

2014년 오산 공장의 가동률은 100%를 넘어섰다. 이는 국내 주요 화장품 업체들의 평균 가동률(약 80%)보다 높은 수준이다. 철저한 수요 예측으로 증산을 단행하였고, 실제 수요와 증산이 맞물리면서 가동률이 올라오게 된 것이다. 가동률은 제조원가에 영향을 주기 때문에, 높은 가동률은 영업이익률 증가로 이어지게 되었고, 실제로 아모레퍼시픽의 국내 영업이익률은 2013년 14.7%에서 2014년 16.5%로 증가했다.

공장 가동률로 수익성도 약진하고 있다. 정확한 수요 예측으로 공장 생산능력을 최적화해 설비 효율성을 최대한 뽑아내고 있다는 평가다.

관련 업계에 따르면 아모레퍼시픽의 화장품 생산을 맡는 오산공장의 2015년 상반기 가동률은 100%(스킨케어 부문 98.4%, 메이크업 부문 101.6%)로 나타났다.

Fig 36

아모레퍼시픽의 생산 능력 – 아모레퍼시픽의 가동률 증가가 영업이익률 증가로 이어져

사업부문	품 목	사업소	2014년 생산실적(억 원)	가동률
화장품	기초화장품	스킨케어사업장 (오산)	13,667	117.9%
	색조화장품	메이크업사업장 (오산)	6,359	122.6%
MC&S (Mass Cosmetic & Sulloc)	비누, 치약 등	매스뷰티사업장 (대전)	15,789	80.2%
	녹차 등	설록차사업장 (진천)	915	70.1%
	합계		36,730	97.7%

자료: 아모레퍼시픽

아모레퍼시픽은 중국에서도 2014년 10월 중국 공장을 확장 이전하였다. 한국 화장품에 대한 인기가 높아지면서 중국에서의 생산, 연구, 물류를 통합한 현지생산기지를 구축 및 확장하는 것이 필요하다고 판단했기 때문이다. 아모레퍼시픽의 '상하이 뷰티사업장'으로 명명되는, 확장 이전한 공장은 일단 국내에서 해외로 진출한 한국 화장품 생산기지 중 가장 큰 규모다.

신 공장은 한국의 CGMP(Current Good Manufacturing Practice, 강화된 의약품 제조 및 기준) 수준의 공정을 구축한 생산설비들로 구비되어 있고, 생산공정을 수시로 확인할 수 있는 관리시스템과 원료부터 생산, 물류까지 자동화된 프로세스를 구축하고 있다. 이 공장은 연간 1만 3,000톤, 또는 본품 기준 1억 개의 생산능력을 보유하고 있으며, 다품종 소량생산에 셀Cell 생산방식과 중국 시장의 급속한 시장 변화를 고려한 대량생산방식을 모두 구축하고 있다. 이와 같이 아모레퍼시픽은 성공적인 현지화와 철저한 수요 예측을 통한 공장 증설로 중국 내 시장점유율을 증가시키고 있으며, 이러한 추세는 앞으로도 지속될 것으로 판단된다.

차별화된 인재 양성 방침

한편 소프트웨어 측면인 시스템을 살펴보면, 아모레퍼시픽은 관련 인력에 대한 지속적인 교육을 할 수 있는 인프라와 시스템을 확보하고 있다. 국제경쟁력 제고를 위한 환경 조성을 마련하기 위해서는 경쟁력이 있는 인재 양성이 기초가 되어야 하기 때문이다. 아모레퍼시픽의 국내 임직원 수는 2014년 말 기준 4,936명으로 그중 여성 비율이 약 65%로 남성보다 더 많은 비중을 차지한다. 아모레퍼시픽은 사내윤리강령 4장에 의거하여 임직원의 능력과 자질에 따라 평등한 기회를 제공하고 있고, 업적에 따라 공정하게 평가하고 보상하는 시스템을 가지고 있다.

아모레퍼시픽이 그룹 통합 관점의 분야별 전문가를 양성하기 위해 핵심 직무역량 교육체계를 갖추고, 핵심 지식을 보유한 임직원이 사내 강사 활동을 통해서 핵심 지식을 자산화하는 프로그램을 구축하였다. 직원들에게 모든 유통 채널별 특성을 반영한 교육을 제공하고, 마케팅 전문 육성 트랙을 별도 구축하여 운영하고 있다. 또한 2011년부터 '혜초 프로젝트'를 통해 글로벌 비즈니스를 주도하고 있는 인재 확보 및 양성에도 힘쓰고 있다. 이러한 인재 양성을 통해 글로벌 기업으로 도약하고 있다.

특별한 아웃소싱 구조_OEM·ODM 시장의 지속적 성장

국내 주요 화장품 업체들의 내재화 비율은 약 70% 수준이다. 기술적 노하우가 응집되어 있는 프리미엄 브랜드들에 대해서는 자체 생산하는 것이 일반적이다. 아모레퍼시픽의 경우 설화수, 헤라, 아이오페까지 주로 자체 생산한다. 저가 브랜드라도 전략 제품에 한에서는 아모레G의 자회사인 코스비전의 생산 시설을 활용하여 모방제품에 대한 리스크를 줄이고 있다. 다른 원브랜드숍의 브랜드와 달리 이니스프리 브랜드는 자체 생산 비중이 높은 편이다. 아모레퍼시픽은 수십여 개의 OEM·ODM업체를 통해 아웃소싱하고 있다.

화장품의 OEM·ODM 시장은 2003년 브랜드숍 시장이 빠르게 성장하면서 부각되기 시작했다. OEM·ODM 시장은 약 1조 2,000억 원의 규모로 추정되고 있으며, 국내 화장품 시장 규모의 약 10%를 상회하는 비중이다. 현재 약 300여 개의 업체가 시장에 참여하고 있는 것으로 추산되고 경쟁 구도가 점차 심해지고 있다. 여러 업체 중 코스맥스와 한국콜마는 국내 최대 화장품 ODM 기업으로, 양사 합산하여 약 50%의 시장점유율을 가지고 있다.

ODM의 구조는 화장품 제품 기획에서부터 개발, 생산, 완제품 출하까지 이루어진다. 주요 OEM·ODM업체들은 식약청 지정 CGMP와 국제 기준 CGMP인 ISO22716을 인증받았다. 2011년 우리나라는 화장품 CGMP 기준을 국제 CGMP의 기준에 맞추어 개정하고, 그 인증 권한을 기존 대한화장품협회에서 국가기관인 식품의약품 안전처로 이관하였다. 이는 국내 CGMP 기준을 국제 수준으로 한 단계 끌어올리기 위한 것으로 결과적으로 세계적으로 높은 품질을 보장하게 되는 것이다.

OEM·ODM 시장은 브랜드숍의 꾸준한 성장세와 홈쇼핑 및 헬스＆뷰티스토어 등의 신유통 확산, 해외 시장 확장 등으로 인해 꾸준한 성장세가 가능할 것으로 보인다. 특히 중국시장을 비롯한 동남아 시장에서 한국산 화장품이 강세를 보이면서 이들 화장품 OEM·ODM 기업들의 성장 동력을 이끌 전망이다. 이와 함께 기존 시장 주도 업체들의 생산 설비 확충과 브랜드 판매사의 시장 진입 등으로 전체 시장 규모를 키울 것으로 예상된다.

혜초 프로젝트 시사점 파악하기

혜초 프로젝트의 의미와 시사점을 파악해봅시다.

아모레퍼시픽 '혜초 프로젝트'와 관련해서 해외 진출에 대한 의지를 잘 읽을 수 있습니다. 혜초는 신라시대 명승으로 불법佛法을 구하기 위해 인도와 중동 여러 나라를 여행하였다고 합니다. 아모레퍼시픽은 혜초 프로젝트를 단순히 해외 판매가 아니라 새로운 성장의 발판으로 삼으려 한다는 점을 생각해 볼 필요가 있습니다. 판매의 채널로만 생각해서는 여타 기업과 다를 바 없다는 판단일 것입니다. 열린 마음으로 멀리 내다보는 자세야말로 글로벌 기업의 필수 조건입니다. 요즘 채용 시장에서 역사가 강조되는 시대인 만큼, '개방성'이라는 관점에서 역사 속 사건과 교훈들을 찾아보시기 바랍니다.

 **아모레퍼시픽의 아웃소싱 전략이 여타 경쟁사와 어떻게 다른지 탐색해봅시다.**

아모레퍼시픽은 2012년부터 핵심 역량만 남겨놓고 나머지는 외부 최고 전문가 조직에 아웃소싱하는 전략을 채택하고 있습니다. 대표적인 예로 IBM과의 IT아웃소싱 제휴를 들 수 있습니다. 일전에 한국 IBM 대표가 한 경제세미나 자리에서 '아모레퍼시픽과 단순히 IT 제휴한 것이 아니라 빅데이터를 활용한 마케팅 전략을 수립하는 것과 같은 영역에까지 협업 체제를 구축하는 것'이라고 언급한 적이 있습니다. 아웃소싱은 단순히 일감의 물리적인 외부 소싱이 아니라 외부 전문가 조직과의 전략적 제휴를 통해 기업의 역량을 획기적으로 높이기 위해서 이뤄지는 측면이 많다고 봐야 합니다. 따라서 아모레퍼시픽의 경우 각 부문별로 누구와 손을 잡고 어떤 비전을 만들어 내려고 하는지의 관점에서 기존의 아웃소싱 구조를 한번 생각해보시기 바랍니다.

04

성장 흐름으로 본
기본 재무 지표

성장세가 돋보인 한국 화장품

지난 2년간 글로벌 화장품·생활용품 업체 중 한국 화장품 업체의 성장성이 돋보였다. 글로벌 화장품·생활용품 업체들의 경우 미국, 유럽, 일본 시장이 성숙기에 접어들면서 낮은 한 자릿수의 매출 및 영업이익 성장에 그친 반면 한국 화장품 업체들은 두 자릿수 매출 및 이익 성장을 보였다. 국내 화장품 섹터지수는 국내 고가 화장품 시장의 턴어라운드, 방한 중국인 수요 급증, 해외 매출 및 이익기여도 향상으로 인해 2013년부터 2015년 3월까지 170% 상승하였다. 아모레퍼시픽의 주가 또한 고마진 면세점 매출 호조로 2013년부터 2015년 3월까지 172% 상승하며, 코스피 대비 170% 상회하였다.

화장품 인덱스 - 국내 화장품 주가 큰 폭으로 상승

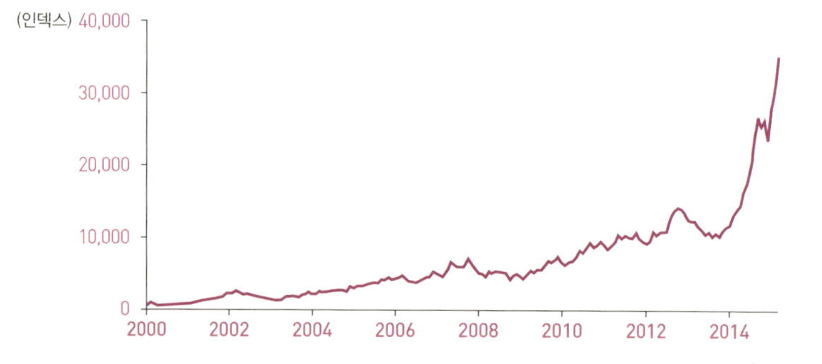

아모레퍼시픽은 서양의 주요 업체 대비 매출 및 영업이익 규모는 4~50% 수준으로 아직 작다. 시가 총액 또한 글로벌 주요 업체 대비 6~40%로 여전히 작은 수준이다. 다만 그 성장속도가 매우 빠른 편이다. 예컨대, 아모레퍼시픽의 2008년 매출과 영업이익은 아시아의 대표 화장품 기업인 시세이도의 각각 20%, 40%에 불과했으나, 국내 및 해외사업성과가 눈부셨던 2014년의 영업이익은 시세이도의 두 배 이상으로 커졌으며 시가총액도 시세이도를 월등히 앞질렀다.

수익성, 안정성, 밸류에이션

수익성 영업이익률 측면에서 아모레퍼시픽은 서양 화장품기업 대비 소폭 하회하고 있으나, 일본 업체들은 크게 상회하였다. 기업의 이

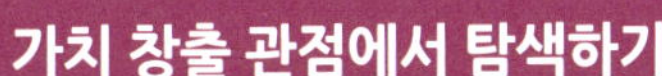

가치 유지가 아닌 가치 창출의 관점에서 기업을 탐색해봅시다.
2013년 이후 아모레퍼시픽의 주가 추이는 전자업계의 삼성전자가 일본 가전 5개사의 코를 납작하게 만든 것과 유사합니다. 2000년대 초반만 하더라도 일본 소니의 벽은 난공불락처럼 보였지만 혁신을 거듭한 삼성전자는 2012년 시가총액 기준으로 소니, 도시바, 파나소닉, 히타치, 캐논 등 5대 전자자회사 전체의 합보다 더 많아지게 됩니다. 하지만 정작 중요한 점은 지금부터일 수 있습니다. 진정한 글로벌기업으로 인정받기 위해서는 가치 유지가 아닌 가치 창출의 기업으로 거듭나야 하기 때문입니다. 에어쿠션 같은 경우가 좋은 사례일 것입니다. 자신이 입사해서 아모레퍼시픽의 가치 창출에 어떻게 기여할 수 있는지의 관점에서 한 번 생각해보시기 바랍니다.

익창출능력을 나타내는 ROE(자기자본이익률)는 아모레퍼시픽과 글로벌 업체들이 비슷한 수준을 기록하고 있다. 자산을 효율적으로 운용했는지를 나타내는 ROA(총자산수익률) 지표는 아모레퍼시픽이 글로벌 업체보다 높다.

안정성 아모레퍼시픽은 순현금 상태로 재무 측면에서 안정적이다. 아모레퍼시픽의 FCF(잉여 현금 흐름)는 연간 4,000~5,000억 원 수준으로 향후 인수합병이나 CAPEX(설비 투자 비용) 투자 시 현금 동원 여력은 충분한 상태이다.

밸류에이션 아모레퍼시픽은 2015년 예상 P/E(주가수익비율) 40배로 거래되고 있어, 글로벌 업체 대비 20~90% 가량의 프리미엄으로 거래되고 있다. 아모레퍼시픽의 높은 밸류에이션은 높은 이익성장성에 근거한다. 글로벌 업체들의 경우 주력 시장에서 성장성이 현저히 낮은 반면 아모레퍼시픽은 국내뿐만 아니라 중국 시장에서의 점유율이 빠르게 상승하고 있기 때문이다. 설화수, 이니스프리 등 국내 히트 브랜드들의 해외 출점이 진행되고 있으며, 2014년부터 이익 창출 국면에 진입했다. 국내는 외국인 관광객 효과가 가세해 면세점을 필두로 내수 부문도 고성장하고 있다. 아모레퍼시픽은 중국 프리미엄 화장품 시장의 수혜를 본격적으로 누리며 향후에도 높은 이익 성장을 실현할 것으로 예상한다.

Fig 38

글로벌 피어 주요 지표 비교

기업명	코드	시가총액	매출	영어이익	영업이익률	ROE	ROA	순부채비율	P/E	P/B
단위		백만 US$	백만 US$	백만 US$	(%)	(%)	(%)	(%)	(X)	(X)
기준년도		2014년	2014년	2014년	2014년	2015년 예상	2015년 예상	2015년 예상	2015년 예상	2015년 예상
LG 생활건강	051900 KS	8,355	4,444	486	10.9	24.3	10.5	50.9	30.9	6.5
아모레 퍼시픽	090430 KS	11,866	3,681	536	14.6	20.1	16.1	-16.7	40.8	6.6
Kao	4452 JT	19,890	13,274	1,262	9.5	13.6	8.2	-17.4	33.1	4.3
시세이도	4911 JT	7,023	7,609	496	6.5	8.7	3.5	7.5	28.8	2.5
P&G	PG US	213,042	83,062	15,288	18.4	17.0	8.2	35.3	21.0	3.6
유니레버	ULVR LN	116,156	64,347	9,342	14.5	33.5	10.4	69.4	22.3	7.5
로레알	OR FP	93,419	29,933	4,864	16.2	16.1	11.0	3.3	27.7	4.3
에스티로더	EL US	28,433	10,969	1,828	16.7	28.4	13.9	-7.4	29.9	7.7

자료: Bloomberg

아모레퍼시픽 예상 P/E 40배로 거래중

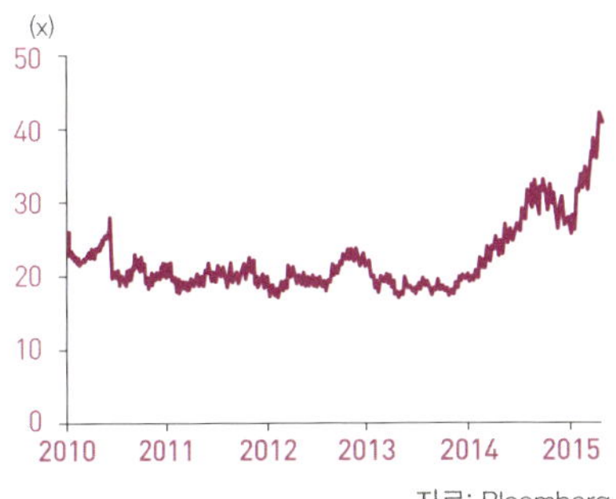

LG생활건강 예상 P/E 30배로 거래중

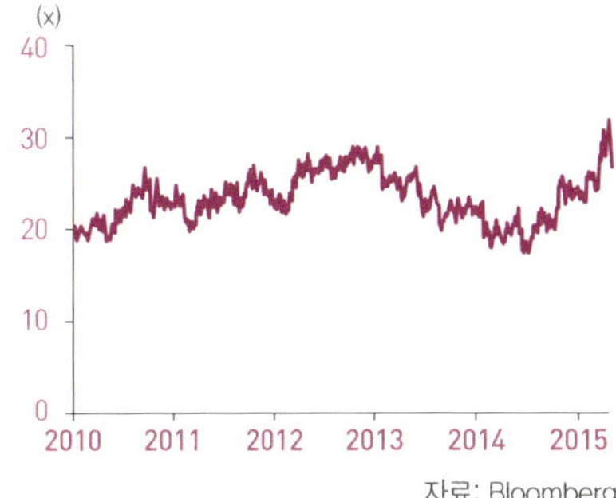

로레알 예상 P/E 26배로 거래중

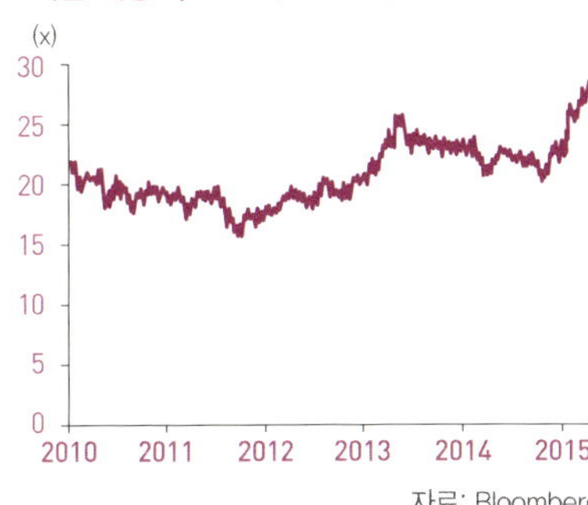

에스티로더 예상 P/E 26배로 거래중

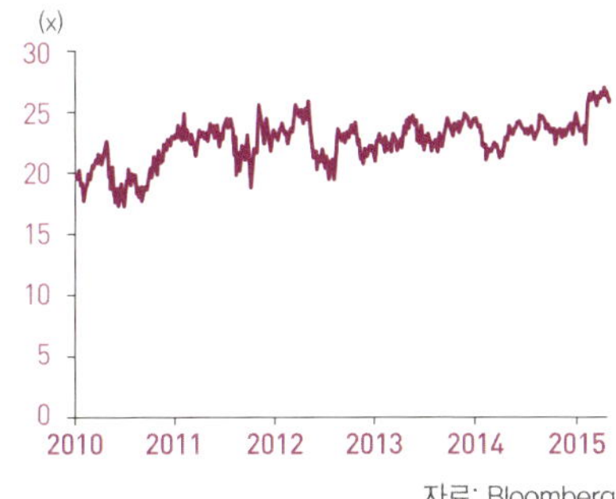

상하이자화 예상 P/E 22배로 거래중

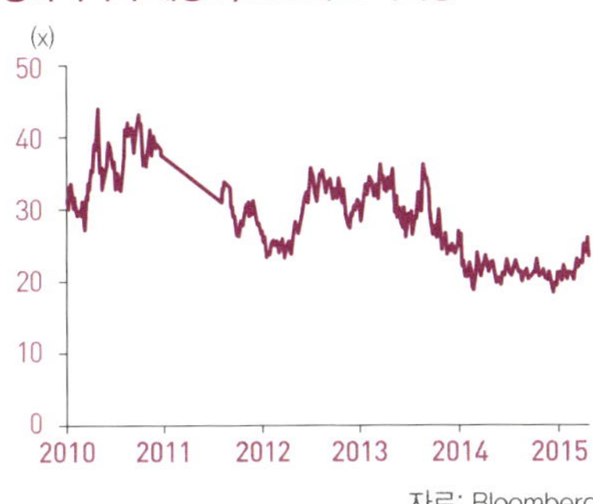

시세이도 예상 P/E 23배로 거래중

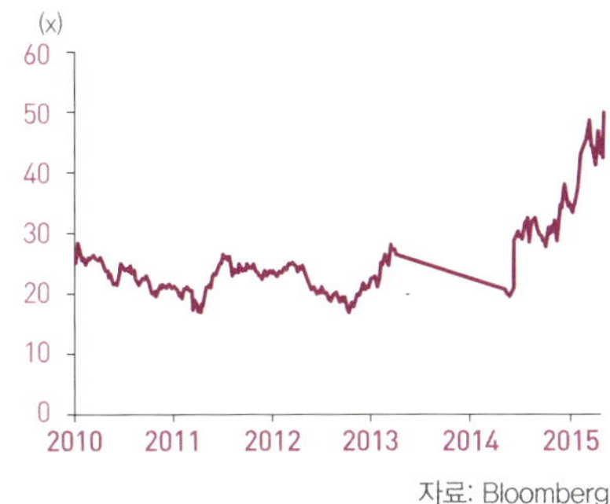

Fig 45

P/E(주가수익비율) 와 EPS(주당순이익) 성장률 비교

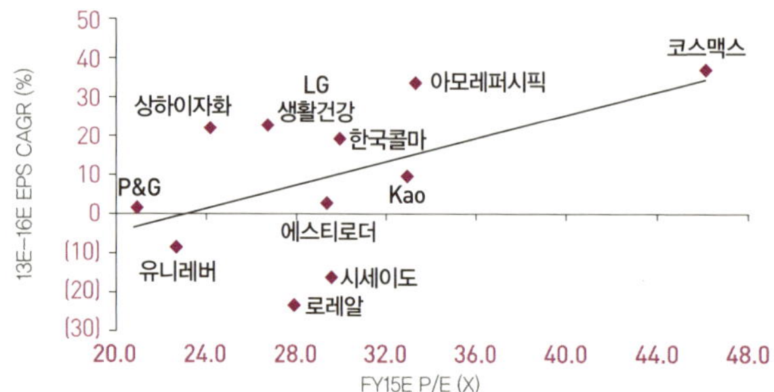

* 주로 높은 매출 및 이익 성장이 나타나는 기업들이 높은 P/E 배수로 거래되고 있다. 국내 주요 화장품은 지난 3년 간 높은 이익 성장성을 보이고 있어 밸류에이션 확장이 나타났다.

자료: Bloomberg

Fig 47

아시아 주요 화장품 업체 개요

	한국		중국	일본
	아모레퍼시픽	LG생활건강	상하이자화	시세이도
설립 년도	1945년 태평양 설립	1947년 설립	1989년 Duangshenghang 설립	1872년 약국으로 설립
기업 개요	화장품 및 생활용품	화장품, 생활용품 및 음료	화장품 및 생활용품	화장품 및 생활용품
사업부별 매출	화장품 94% 생활용품 6%	화장품 42% 생활용품 32% 음료 26%	화장품 및 생활용품 97% 기타 3%	화장품 99% 기타 1%
주요 브랜드	〈화장품〉 설화수, 라네즈, 마몽드, 이니스프리, 에뛰드, 헤라, 아이오페 외	〈화장품〉 후, 오휘, SUM, Belief, 이자녹스, 더페이스샵 외	〈화장품〉 Shanghai Vive, Herboist 외	〈화장품〉 Shiseido, Cle de Peau Beaute Nars, Za, MAQuillAGE 외
	〈생활용품〉 해피바스, 송염, 메디안, 미장센, 려, 오설록 외	〈생활용품〉 엘라스틴, 페리오, 샤프란, 홈스타 외	〈생활용품〉 Liushen, Maxam 외	〈생활용품〉 Shiseido Professional 외
		〈음료〉 코카콜라, 파워에이드, 미닛메이드		
지역별 매출	국내 78% 중국 12% 기타 10%	국내 84% 해외 16% 중국 4%	중국 100%	일본 47% 아시아 22% 미주 17% 유럽 14%

자료: Bloomberg

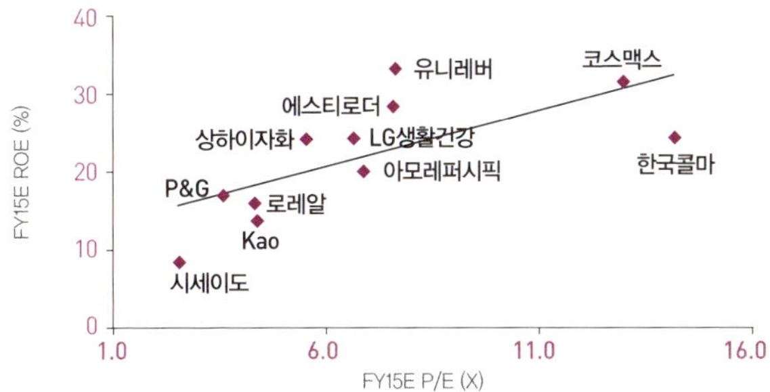

* 목표 P/B 배수 = (ROE-g) / (r-g). ROE대비 P/B배수를 고려하여 주식의 저·고평가 정도를 알아본다.

자료: Bloomberg

	다국적 기업			
	로레알	에스티로더	P&G	유니레버
설립 년도	1919년 설립	1946년 설립	1837년 설립	1929년 설립
기업 개요	화장품 및 생활용품	화장품 및 생활용품	화장품, 생활용품, 음료, 헬스케어	화장품, 생활용품, 식음료
사업부별 매출	화장품 96% 기타 4%	화장품 95% 생활용품 5%	생활용품 57% 화장품 33% 헬스케어 10%	개인생활용품/화장품 56% 식음료 44%
주요 브랜드	〈화장품〉 Lancome, Giorgio Armani, YSL, kiel's 외 〈생활용품〉 Essie, Garnieer 외	〈화장품〉 Aveda, Bobbi Brown, Clinique, Estee Lauder, MAC, Lab Series 외	〈화장품〉 SKII, Olay, Hugo Boss, CoverGril, Dolce&Gabbana 외 〈생활용품〉 Pampers, Whisper, Tide, Downy 외	〈화장품〉 Dove, Vaseline, Axe, Rexona, Clear, Omo 외 〈식음료〉 Lipton, Ben&Jerry's 외
지역별 매출	서유럽 38% 미주 34% 아시아 24% 남미 4%	미주 42% 유럽/중동 38% 아시아 20%	미주 39% 서유럽 18% 아시아 18% 동유럽/중동 15%	아시아/아프리카 41% 미주 32% 유럽 27%

자료: Bloomberg

AMORE PACIFIC

문화:
아름다움이 만들어낸 기업문화

기업은 살아있는 유기체와도 같습니다. 다양한 조직으로 구성되어 있기에 조직원들이 일사분란하게 움직이려면 공동의 비전이 필요합니다. 즉 무조건 앞만 보고 달리는 것이 아니라, 같은 목표와 방향을 가지고 움직여야 하는 것이지요. 이 것이 기업의 경영 철학, 그리고 기업문화입니다. 아모레퍼시픽의 경영 철학과 기업문화를 이해하고, 자신이 생각하는 아모레퍼시픽의 미래상도 만들어봅시다.

오늘의
아모레퍼시픽이 되기까지

아모레퍼시픽의 탄생과 성장

아모레퍼시픽은 1945년 태평양화학으로 설립되어 다양한 화장품, 제약 사업을 진행했다. 1973년 태평양화학은 KOSPI에 상장되었다. 그리고 경영 투명성을 높이고 핵심 사업 부문 경쟁력을 강화하기 위해 2006년 화장품 사업 부문을 아모레퍼시픽으로 분할하고, (주)태평양은 지주회사로 전환하였다. 2011년 태평양은 아모레퍼시픽그룹(아모레G)으로 사명을 변경하였다.

아모레퍼시픽은 1964년 대중적인 브랜드 아모레를 출시하며 국내 시장에 방문판매 시스템을 도입하였다. 그리고 1991년 이래 마몽드(1991), 라네즈(1994), 헤라(1995), 아이오페(1996), 설화수(1997)를 발매하여 간판 브랜드로 삼고 있다. 2004년에는 전문점 채널을 도입했고,

2008년에 이들을 '아리따움'으로 재정비하였다. 녹차 사업인 '설록'은 1980년에 시작하였다. 아모레퍼시픽은 1964년에 최초로 해외 수출을 하였으며, 1990년 프랑스 지사를 설립하였고 2002년과 2004년 중국과 프랑스에 현지 생산공장을 설립하였다.

창업자의 도전정신과 경영 철학

창업자 장원 서성환 회장은 '기술과 정성으로 아름다움과 건강을 창조하여 인류에 공헌한다'는 꿈으로 기업을 이끌어왔다. 자연에서 온 것이 가장 좋다는 믿음, 품질 제일주의, 창의적인 연구 개발과 한 발 앞선 도전정신으로 히트 브랜드를 탄생시켰고, 한국 화장품산업을 주도하였다.

현재 최고경영자 서경배 회장은 '아시아의 미'를 세계에 전하겠다는 기업 소명으로 아모레퍼시픽을 '원대한 기업Great Global Brand Company'으로 만들어 가는 비전을 가지고 있다. 서경배 회장은 아모레퍼시픽의 성장 원동력을 '자연과 인간에 대한 깊은 이해로 빚어낸 아름다운 창조'라고 설명하고 있다.

이러한 경영진의 노력의 결실이 잘 드러났던 곳은 중국이다. 아모레퍼시픽의 중국 진출은 1994년이었다. 중국 선양에서 첫 현지 법인을 세운 뒤, 10년 동안 사전조사를 실시하였다. 이후 2000년도에 상해에 법인을 세우고, 상하이와 광저우에 생산시설을 지어 중저가 브랜드는 현지생산을 시작했다. 이후 2002년 라네즈, 2005년 마몽드, 2011년 설화수, 2012년 이니스프리, 2013년 에뛰드를 이어 출시했다. 철저한 현지화 전략으로 2010년부터 2014년까지 연평균 35%의 매출 신장을 기록했다. 근본적으로 중국 소비자들을 이해하고 매장 서비스 수준을 올리며 상품의 질을 향상시키는 전략이 앞으로 중국 내 시장 점유율을 지속적으로 끌어올릴 것으로 보인다.

멘토의 *Tip* ㉛　　　세계 1위의 성장 비결 탐색하기

세계 1위 기업의 성장 비결에 대해서도 탐색해봅시다.

화장품 업계 세계 1위인 로레알의 성공에는 어떤 요인들이 있었는지 온라인이나 관련 잡지 등을 통해 내용을 정리해볼 필요가 있습니다. 흔히 '여성'과 '과학'을 로레알의 성공 키워드로 꼽습니다만, 이런 내용을 참고하여 아모레퍼시픽이 향후 세계 1위가 되기 위한 전략 키워드는 무엇이어야 할지에 대해서도 자기 나름의 시각을 만들면 입사 후 포부 같은 질문에 간략하게나마 접목시켜볼 수 있을 것입니다.

아모레퍼시픽 기업 연혁

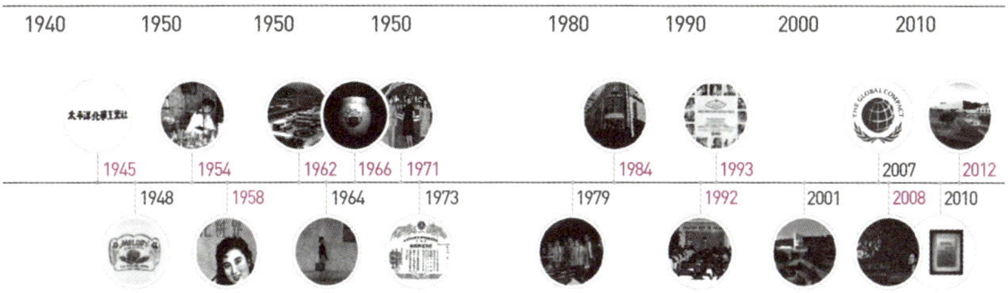

1932	윤독정 여사(서성환 회장 모친) 화장품 사업 시장(개성) 동백 기름 생산

1945. 09	'태평양화학공업사' 창업
1948. 01	메로디 크림 발매

1951. 11	국내 최초 순식물성 'ABC포마드' 발매
1954. 08	장업계 최초 연구실 개설
1956. 08	본사 사옥 이전(서울 용산구 한강로)
1958. 08	국내 최초 월간 미용 정보지 〈화장계〉 창간
1959. 09	태평양화학공업주식회사로 법인 전환 프랑스 코티사와 장업계 첫 기술 제휴(코티분 발매)

1962. 11	영등포 공장 준공(국내 최대 화장품 자동화 시설)
1964. 08	국내 최초 화장품 수출(오스카화장품)
1964. 09	아모레 브랜드 발매 및 방문판매 제도 도입
1966	세계 최초 한방 화장품 'ABC 인삼크림' 출시

1971. 04	국내 최초 메이크업 캠페인 실시(오, 마이 러브)
1973. 03	태평양장학문화재단(현 아모레퍼시픽 재단 설립)
1973. 05	태평양화학공업㈜ 기업 공개
1978. 10	태평양기술연구소 설립
1979. 12	태평양화장사관 개관(현 아모레퍼시픽 미술관)

1982. 04	태평양복지재단(현 아모레퍼시픽 복지재단 설립)
1984. 05	뷰티센터 아모레 1번가 개설 (명동)
1987. 06	태평양화학㈜로 상호 변경
1990. 09	프랑스 현지 법인 설립
1992. 01	경영 이념(인류 봉사, 인간 존중, 미래 창조) 선포
1992. 08	태평양기술연구원 준공(경기 용인군 기흥읍)
1993. 03	주식회사 태평양으로 상호 변경
1993. 09	무한 책임주의 선언(서비스, 품질, 환경)

2000. 07	한국 유방건강재단 설립
2001. 09	설록차 뮤지엄 오'설록 개관(제주도 서광다원, 현 오설록 티뮤지엄)
2002. 03	'AMOREPACIFIC' 사명 변경
2003. 06	고 서성환 회장의 아름다운 세상 기금 조성(희망가게)
2006. 06	지주회사(아모레퍼시픽그룹) 체제 출범
2007. 11	UN 글로벌 컴팩트(UNGC) 가입
2008. 02	AMOREPACIFIC WAY 선포

2010. 09	기술연구원 미지움 준공
2010. 10	'DJSI World'(다우존스 지속 가능 경영지수) 최초 편입
2011. 05	The 22nd World Congress of Dermatology PLATINUM 후원사
2012. 05	아모레퍼시픽 뷰티캠퍼스 준공
2013. 03	본점소재지 이전(서울 중구 청계천로 100)
2013. 09	스토리가든(Story Garden) 개관
2014. 09	아모레퍼시픽그룹 신사옥 가공식

02

세상을 아름답고 이롭게 하는 기업문화

아모레퍼시픽은 기업 경영 활동을 통해 세상을 아름답고 이롭게 하는 것을 목표로 삼는다. 특히 AMOREPACIFIC WAY는 모든 임직원이 '아시안 뷰티 크리에이터Asian Beauty Creator'로서 함께 나누고 지켜야 할 핵심 가치 및 행동 규범이다.

아시안 뷰티 크리에이터의 핵심 가치

핵심 가치로는 개방Openness, 혁신Innovation, 친밀Proximity, 정직Sincerity, 도전Challenge 5가지가 있다. 이에 대한 설명은 아래와 같다.

개방 진정한 혁신과 성장은 외부와의 소통에 있다는 믿음

혁신 언제나 새로운 것을 세상에 내놓고자 하는 열정

친밀 고객의 곁에서 고객을 위하겠다는 마음

정직 어떤 일이든 진정한 자세로 추진하겠다는 신념

도전 현재에 안주하지 않겠다는 정신

아모레퍼시픽은 지속가능한 성장 기반을 마련하기 위해 전세계 고객의 니즈를 반영한 제품 개발, 글로벌 시장 확대 등 미래 성장 동력을 꾸준히 발굴하고 있다. 또한 우수한 역량을 확보하고 협력사의 역량을 향상시키기 위해 노력하고 있다. 환경에 대한 영향을 최소화하고 이해관계자 중심의 경영을 통해 사회적 책임을 다하는 기업이 되고자 한다.

아모레퍼시픽의 기업 비전과 핵심 가치

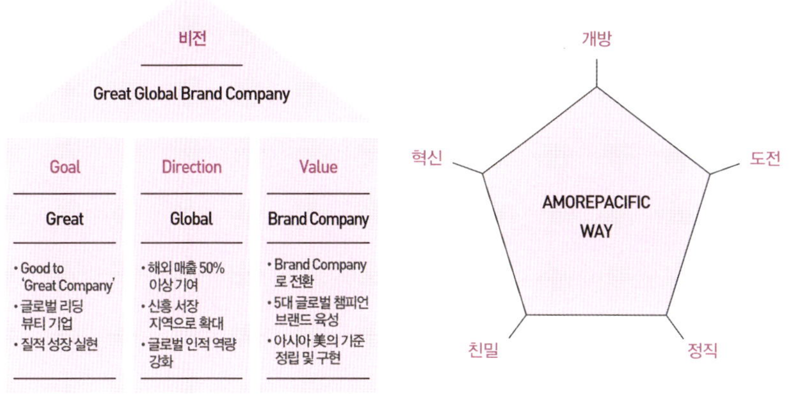

자료: Bloomberg

 **현장감 있는 기업문화를 알기 위해 직접 컨택해봅시다.**

기업문화는 어떻게 보면 해당 기업을 이해하는 가장 중요한 코드일 수 있습니다. 이를 구체적으로 이해하기 위해서는 겉으로 드러난 아젠다나 단어 외에도 실제 해당 기업에서 최근 강조되고 있는 요소를 잘 파악할 필요가 있습니다. 일반 신문이나 온라인을 통해 찾는 내용에만 국한하지 않고, 해당 기업에 근무하고 있는 지인 혹은 홍보나 인사 파트에 직접 컨택하는 방법이 필요합니다. 이를 통해 기존의 고유한 기업문화에 최근 어떤 요소들이 강조되고 있는지 믹스해 보면서 자신이 그런 포인트에 가까이 있는 사람이라는 점을 강조해야 합니다.

관련 자료 찾아보기 ⑰
검색 키워드, '원^{One}아시아 시대' , '가설검증의 중요성' 

2015년 4월 아모레퍼시픽 직원들에게 전달된 CEO 메시지에는 '원^{One}아시아 시대'를 능동적으로 펼쳐 나가자며 직원들에게 몇 가지 당부의 말을 하고 있습니다. 또한 리테일 역량의 강화와 기회를 성공시키기 위한 가설검증의 중요성을 강조하고 있습니다. 제품을 '왜 사느냐'는 것도 중요하지만 '어떻게 사느냐'는 구매 체험의 크리에이션 부분도 함께 지적하고 있습니다. 또한 가설검증을 위한 시행착오를 얼마나 능동적이고 효과적으로 활용할 것인가에 대해 CEO가 특히 강조하고 있습니다. 이런 대목에서 현재의 아모레퍼시픽 기업문화를 엿보고, 이런 요소들에 대해 자신이 무엇을 보여줄 수 있을지 생각해봅시다.